Anonymous

Instruktion für den Betrieb der Gymnastik und des Bajonettfechtens bei der Infanterie

Anonymous

Instruktion für den Betrieb der Gymnastik und des Bajonettfechtens bei der Infanterie

ISBN/EAN: 9783744620499

Hergestellt in Europa, USA, Kanada, Australien, Japan

Cover: Foto ©Lupo / pixelio.de

Weitere Bücher finden Sie auf **www.hansebooks.com**

Instruktion

für

den Betrieb der Gymnastik und des Bajonettfechtens

bei der

Infanterie.

(Mit 37 in den Text gedruckten Figuren in Holzschnitt.)

Berlin, 1860.

Verlag der Königlichen Geheimen Ober-Hofbuchdruckerei
(R. Decker).

Indem Ich den Mir vorgelegten, hier wieder beifolgenden Entwurf zu einer »Instruktion für den Betrieb der Gymnastik und des Bajonettfechtens bei der Infanterie« zur versuchsweisen Einführung hiermit genehmige, bestimme Ich:

1. Den nach dieser Instruktion bei der gesammten Infanterie, einschließlich der Jäger und Schützen, sowie bei den sämmtlichen Militair-Unterrichts-Anstalten allgemein einzuführenden Uebungen ist dasjenige Gewicht beizulegen, welches dieselben, als Hülfsmittel zu einer schnelleren und kriegstüchtigeren Ausbildung der Truppe, unter richtiger Würdigung der Armee-Verhältnisse, verdienen.

2. Der nach der qu. Instruktion zu regelnde Betrieb der genannten Uebungen soll jedoch bei den bezeichneten Truppentheilen 2c. nicht früher beginnen, als bis das erforderliche Lehrer-Personal vorhanden ist.

3. Alle bezüglich der gymnastischen Uebungen früher gegebenen, der nunmehr genehmigten Instruktion entgegenstehenden Bestimmungen werden hiermit einstweilen aufgehoben. Zum 1. Januar 1862 haben die General-Kommando's Mir über den Erfolg der qu. Uebungen, so wie über die Zweckmäßigkeit der Instruktion Bericht zu erstatten.

Das Kriegs-Ministerium hat wegen der weiteren Ausführung das Erforderliche zu veranlassen.

Warschau, den 21. Oktober 1860.

Im Namen Seiner Majestät des Königs.
(gez.) **Wilhelm, Prinz von Preußen, Regent.**
(gegengez.) von Roon.

An das Kriegs-Ministerium.

Inhalts-Verzeichniß.

Erster Abschnitt.
Der Betrieb der Gymnastik im Allgemeinen.

		Seite
	Die Art und Weise des Unterrichts	8
1.	Die Freiübungen und Gewehrübungen	9
2.	Die Rüstübungen	10
3.	Das Bajonettfechten	10
4.	Eintheilung der Mannschaften in Klassen	11

Zweiter Abschnitt.
Beschreibung der militair-gymnastischen Uebungen.

I. Freiübungen und Gewehrübungen.

A. Freiübungen auf der Stelle.

§. 1.	Fuß- und Beinbewegungen	13
§. 2.	Rumpfbewegungen	15
§. 3.	Arm- und Handbewegungen	17
§. 4.	Kopfbewegungen	18

B. Freiübungen von der Stelle.

§. 5.	Der Laufschritt	19
§. 6.	Sprungübungen	21

C. Gewehrübungen.

§. 7.	Uebungen mit beiden Armen	
§. 8.	Uebungen mit einem Arm	

II. Rüstübungen.

A. Uebungen am Querbaum.

§. 9.	Uebungen im Hang	
§. 10.	Uebungen im Stütz	
§. 11.	Auf- und Abschwünge	
§. 12.	Ueberschwünge und Sprünge	32
§. 13.	Balancir-Uebungen	

		Seite
B. Uebungen am Sprungkasten.		
§. 14. Uebungen im Querstand des Kastens		34
§. 15. Uebungen im Längsstand des Kastens		36
§. 16. C. Uebungen am Paartau		37
§. 17. D. Uebungen an der Stange		39
§. 18. E. Der Sprossenständer		39
§. 19. F. Uebungen am Sprunggestell		39

III. Bajonettfechten.

A. Das Schulfechten auf ebenem Boden.

Schule ohne Gewehr.

§. 20. Stellung ohne Gewehr	39
§. 21. Der Stellungswechsel	40
§. 22. Der Tritt vorwärts und rückwärts	40
§. 23. Der Doppelschritt vorwärts (und rückwärts)	41
§. 24. Der Ausfall	41

Schule mit Gewehr.

§. 25. Stellung mit Gewehr	42
§. 26. Stöße	43
§. 27. Stöße mit Tritt vorwärts und mit Ausfall	44
§. 28. Die Paraden	45

Schule mit Gewehr und mit Gegner.

§. 29. Paraden gegen wirklich ausgeführte Stöße	46
§. 30. Stöße aus den Paraden	47
§. 31. Paraden aus den Stößen	47
§. 32. Drei abwechselnde Stöße	48
§. 33. Die Finten und Paraden dagegen	48

B. Kontrafechten und besondere Bewegungsformen.

§§. 34—40. Das Kontrafechten. Paraden, Stöße, Finten und freies Kontrafechten	49
§§. 41. 42. Verhalten im Handgemenge, gegen Kavalleristen ec.	51

Anhang.
Beschreibung der Gerüste ec.

A. Für die Rüstübungen	54
B. Schutzmittel beim Bajonettfechten	57
C. Bedarf einer Kompagnie resp. eines Bataillons	58

Instruktion

für

den Betrieb der Gymnastik und des Bajonettfechtens

bei der

Infanterie.

Erster Abschnitt.
Der Betrieb der Gymnastik im Allgemeinen.

Die Gymnastik hat zunächst die Aufgabe, mittelst einer planmäßigen Durchbildung des Körpers die Kraft und Gewandtheit des Soldaten noch mehr, wie bisher geschehen, zu entwickeln, unter steter Berücksichtigung der seinem Berufe eigenthümlichen Anforderungen. Der militairische Zweck muß dabei allein ins Auge gefaßt und jedes willkürliche, unmilitairische Wesen vermieden werden. Durch Anwendung der Gymnastik ist außerdem dahin zu streben, dem Soldaten bei Erlernung und Ausübung seiner praktischen Dienstverrichtungen Vorschub zu leisten, die Zeit der ersten Ausbildung abzukürzen, so wie im Verein mit den rein militairischen Uebungen das moralische Element im Soldaten zu beleben. Jedenfalls muß festgehalten werden, daß zur Ausbildung der Rekruten bis zu ihrer Einstellung in die Kompagnie keine längere Zeit verwendet werden darf, als bisher.

Die Militair-Gymnastik ist fortan mit allen übrigen militairischen Dienstzweigen gleichberechtigt, sie ist daher künftig auch mit sämmtlichen Leuten unter Berücksichtigung ihres Alters und ihrer Körperkonstitution zu betreiben. Ein günstiger Erfolg der Militair-Gymnastik kann allein bei richtigem Betriebe derselben erwartet werden.

Ein unerläßliches Erforderniß dazu ist vor Allem:
ein sachverständiges Lehrerpersonal.

Eine jede Truppe hat für die Heranbildung und Ergänzung eines solchen an Offizieren, Unteroffizieren und Soldaten zu sorgen.

Die Ausbildung dieser Lehrer ist Sache der auf der Central-Turn-Anstalt ausgebildeten Offiziere.

Der Kompagnie-Chef ist gleich wie in allen anderen, zu seinem Bereich gehörenden, Dienstzweigen für den Betrieb der Gymnastik verantwortlich. Unter ihm ist, wo möglich, der Unterricht einem mit der Technik und der richtigen Lehrmethode der Gymnastik vertrauten Offizier zu übertragen.

Der eigentlich technische Unterricht kann zwar Unteroffizieren in die Hand gegeben werden; dieselben sind aber immer nur als Gehülfen des Offiziers zu betrachten, welcher die Uebungen leitet. Es ist nothwendig, daß sämmtliche Offiziere sich mit den Prinzipien der Gymnastik vertraut machen; die jüngeren Offiziere müssen im Stande sein, die Uebungen selbst auszuführen.

Alle Unteroffiziere sind gymnastisch so weit auszubilden, daß sie die Uebungen den Leuten vormachen können, und müssen auch mit dem Lehrgange so weit bekannt sein, daß sie beim Unterricht mit Einsicht und planvoll zu verfahren verstehen. Aus den geschicktesten Leuten werden Lehrgehülfen zur Unterstützung der Unteroffiziere ausgewählt.

Die Art und Weise des Unterrichts.

Die gymnastischen Uebungen sind recht eigentlich Detailübungen; deshalb können auch nicht wohl über 8 Mann in einer Abtheilung üben.

In einer jeden Uebungsstunde müssen möglichst alle Theile des Körpers gleichmäßig in Thätigkeit gesetzt werden. Zu diesem Zweck sind von dem leitenden Offizier entsprechende Uebungen in Lektionen zusammenzustellen, welche die Unteroffiziere und Lehrgehülfen in der Unterrichtszeit durchzunehmen haben. Die gymnastischen Uebungen, welche sich sowohl rechter als linker Hand ausführen lassen, sind überall auf beide Weise zu lehren, und diejenigen, welche die Lungen in erhöhte Thätigkeit versetzen, in die Mitte der Lektionen zu legen. Während des Unterrichts ist von der militairischen Ordnung und Disziplin nicht nachzulassen, um so weniger, als die ermüdenden Uebungen dazu nöthigen, den Leuten in den Momenten der Ruhe zu ihrer Erholung eine größere Freiheit wie in Reihe und Glied zu gestatten. Bei Beurtheilung der Leistungen ist darauf zu sehen, daß die Uebungen korrekt nach der Vorschrift ausgeführt werden. Es kommt z. B. zunächst nicht darauf an, wie weit, sondern wie gesprungen wird. Ein strenges Festhalten an den vorgeschriebenen Formen wird nach und nach um so sicherer zu erhöhten Leistungen führen.

Die Uebungen der Militair-Gymnastik zerfallen in:
1. Freiübungen und Gewehrübungen,
2. Rüstübungen und
3. Bajonettfechten.

1. Die Freiübungen und Gewehrübungen.

Ihre große Wichtigkeit beruht darin, daß sie die Grundlage von allen anderen gymnastischen Uebungen bilden und ein Mittel gewähren, auf jeden Theil des Körpers einzuwirken. Die Gewehrübungen dienen zur weiteren Kraftentwickelung hauptsächlich der Arm- und Rumpfmuskeln und schließen sich den Bewegungsformen der Freiübungen an.

Zu Ende der Rekrutenzeit, wenn die Exerzir-Abtheilungen zusammengenommen werden, die Detailausbildung also mehr in den Hintergrund tritt, so wie in späterer Zeit dürfen auch die Freiübungen in größeren Abtheilungen, wie oben vorgeschrieben, ausgeführt werden. Sie haben dann den Zweck, etwa hervorgetretene Einseitigkeiten in der Ausbildung auszugleichen.

2. Die Rüstübungen.

Während die Freiübungen den Zweck verfolgen, den Mann gelenkig zu machen und ihm die vollständige Herrschaft über seinen Körper zu geben, dienen die Rüstübungen zur weiteren Entwickelung seiner Muskelkraft. Beide müssen schließlich durch Uebungen im Terrain mit Gepäck und Armatur auf die militairische Praxis übertragen werden.

Der Lehrer einer Abtheilung hat sich bei den Rüstübungen allein oder mit Leuten seiner Abtheilung zur Verhütung von Unglücksfällen bereit zu stellen. Die Leute sind hierzu besonders anzulernen.

3. Das Bajonettfechten.

Das Bajonettfechten kann in seinen Schulformen auch als zu den gymnastischen Uebungen gehörig betrachtet werden, indem es im Verein mit diesen dazu dienen wird, die Kraft und Beweglichkeit des Körpers für einen bestimmten Zweck zu entwickeln.

Das Kontrafechten lehrt die Anwendung des in der Schule Erlernten einem Gegner gegenüber.

Das Kontrafechten des Infanteristen gegen Infanteristen auf ebenem Boden wird der ganzen Bajonett-Fechtschule zu Grunde gelegt. Auf diese Ausbildung ist mit den möglichst einfachsten Formen direkt hinzuarbeiten. Erst später sind zusammengesetztere Gefechtsformen hinzuzufügen, namentlich solche, welche vor dem Feinde zur Anwendung kommen können.

Sind die einfachen Stöße und einfachen Paraden gut eingeübt, so lassen sich leichte Schulgänge daraus zusammensetzen, die nach und nach zum wirklichen Kontrafechten führen. Wenn Letzteres erlernt ist, so wird zu weiteren Gefechtsübungen übergegangen (Kurzstöße, Kolbenstöße).

Für das Verhalten gegen den Kavalleristen brauchen dem ausgebildeten Kontrafechter nur allgemeine Regeln angegeben und in möglichst einfacher Weise eingeübt zu werden.

Das Bajonettfechten zerfällt demnach in zwei Haupttheile:

in 1) das Schulfechten und
in 2) das Kontrafechten.

Noch mehr als bei den übrigen gymnastischen Uebungen ist beim Fechten auf eine eingehende Detailausbildung zu halten. Nur bei den §§. 20—27 der Beschreibung des Bajonettfechtens darf eine Uebung in ganzen Abtheilungen gestattet werden, nachdem der Soldat so weit vorgeschritten ist, daß er die Bewegungen und Handgriffe im Allgemeinen richtig zu machen versteht. Die Regel aber bleibt, daß der Lehrer sich nur mit dem einzelnen Manne zu thun macht, während die übrigen Leute der Abtheilung nach Vorschrift üben.

Als Vorübung für die reglementarischen Griffe und für den Anschlag werden sich die Uebungen des §. 25—28 mit Vortheil auch schon beim Rekrutenexerziren verwenden lassen, und treten sie dann an Stelle der Gewehrübungen.

Zu Lehrern und Lehrgehülfen dürfen nur gute Kontrafechter genommen werden, das heißt solche Leute, welchen bereits der Zweck der einzelnen Uebungen durch die Praxis im Kontrafechten zum klaren Verständniß gebracht ist.

4. Eintheilung der Mannschaften in Klassen.

Die Mannschaften sind nach ihren Leistungen in Klassen einzutheilen. Ein vollständiger Kursus währt 3 Jahre.

Es muß indeß dahin gestrebt werden, die eigentlichen gymnastischen Schulformen bereits im ersten Dienstjahre mit den Leuten in ganzem Umfange durchzunehmen. Das zweite und dritte Jahr ist dann zu einer vollkommneren Durchbildung und zur Anwendung des Erlernten auf die militairische Praxis zu benutzen.

In der Rekruten-Klasse sind in den 3 ersten Monaten nur die Freiübungen, ferner das Bajonettfechten in seinen elementaren Theilen zu treiben. Später wird in dieser Klasse mit den Rüstübungen und dem Schulfechten begonnen.

In der höheren Klasse und im zweiten Dienstjahre wird die vollkommenste Ausführung sämmtlicher Rüstübungen und der Schulübungen des Bajonettfechtens verlangt Dem schließt sich das Kontrafechten an.

Im dritten Dienstjahre werden die Schulformen nur noch als nachhelfendes Mittel und als Repetition getrieben. Das Kontrafechten und die angewandte Gymnastik überhaupt bilden die Hauptgegenstände der Unterweisung. Die geschickteren Leute werden als Lehrgehülfen benutzt.

Während des eigentlichen Rekrutenexerzirens kann kein Maaß für die auf die gymnastischen Uebungen zu verwendende Zeit angegeben werden, es bleibt dieses lediglich dem Ermessen des Kompagnie-Chefs überlassen. Von der Einstellung der Rekruten in die Kompagnie ab genügen durchschnittlich zwei Uebungsstunden wöchentlich, die sich auf verschiedene Zeiten ungleich vertheilen werden. Eine Uebungsstunde wöchentlich ist wo möglich zu jeder Zeit abzuhalten. Das höchste Maaß für die Dauer einer Uebung ist eine Stunde, eine weitere Ausdehnung würde dem Zweck nicht entsprechen.

Zweiter Abschnitt.
Beschreibung der militair-gymnastischen Uebungen.
I. Freiübungen und Gewehrübungen.
A. Freiübungen auf der Stelle.

§. 1.

1. Hacken heben (nebst Senken).

Die Hacken werden langsam vom Boden erhoben, so daß der Körper bei gestreckten Beinen nur auf den Ballen und Zehen ruht. Die Hacken bleiben geschlossen. Einige Augenblicke wird in dieser Stellung verweilt, dann senkt sich der Körper wieder langsam herab.

Fuß- und Beinbewegungen.

2. Kniebeugen (nebst Strecken).

Fig. 1.

Langsames, stetiges Beugen der Knie in der durch die Richtung der Füße bestimmten senkrechten Ebene, unter allmähligem Heben der Hacken bis zum rechten Winkel zwischen Ober- und Unterschenkel; der Oberkörper lothrecht und unverdreht mit Hüften fest. Nach kurzem Verweilen in dieser Stellung eben so gleichmäßiges und ruhiges Strecken der Kniee und Senken der Hacken.

3. Schlußsprung.

In drei Tempos, die später vollständig in einander verschmelzen.

Eins. Schnelles Kniebeugen mit Hüften fest.

Zwei. Kräftiges Strecken, wodurch der Körper vom Boden emporgeschnellt wird, und Zurückfallen in die Kniebeuge. Bei dem Emporschnellen bleiben die Fußspitzen nach unten gerichtet und die Kniee gestreckt.

Drei. Ruhiges Strecken der Knie.

Der Oberkörper bleibt in allen drei Tempos in lothrechter Haltung.

4. **Kniebeugen aufwärts.** — Vorwärts, seitwärts und rückwärts Strecken.

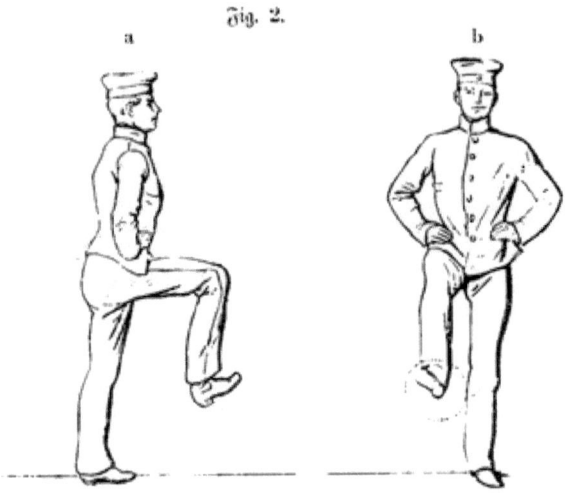

Fig. 2.

Das rechte (linke) Knie wird rasch emporgehoben, so daß der Oberschenkel wagrecht, der Unterschenkel lothrecht von diesem herabhängt. Der Fuß wird gleichzeitig, so weit als möglich, gegen den Unterschenkel gebeugt. Das Zurückgehen in die Grundstellung wird ebenfalls schnell gemacht. Aus dem Knieaufwärtsbeugen wird das Strecken des Knie- und Fußgelenks vor- und rückwärts langsam ausgeführt, wobei das stehende Bein scharf gestreckt bleiben muß. Der Oberkörper wird senkrecht erhalten. Das Strecken seitwärts erfolgt ebenso, nachdem vorher das Knie bei unverändertem Oberkörper soweit seitwärts geführt ist, daß es in die Frontlinie kommt.

5. **Fußrollung.** Fig. 2. b.

Die Fußspitze beschreibt aus der Knieaufwärtsbeugung oder bei vorwärts gestrecktem Beine Kreise im ruhigen Tempo nach rechts und links.

6. **Beinheben (nebst Senken) seitwärts.**

Fig. 3.

Das gestreckte Bein wird in senkrechter Ebene seitwärts nach oben, so weit als möglich, langsam gehoben und demnächst wieder gesenkt.

Der Oberkörper bleibt in seiner Lage.

§. 2.

Sie werden alle im langsamen Tempo ausgeführt.

Rumpfbewegungen.

1. **Rumpfbeugen vor und rückwärts (nebst Strecken).**

Der Rumpf wird gerade, ohne Verdrehung, durch Beugen des Rückgrats vorwärts gebeugt, wobei jedoch die Kniee straff bleiben müssen.

Fig. 4.

Der Kopf beugt sich stetig mit, so daß also in der Beugestellung das Gesicht nach den Knieen gerichtet ist.

Die Rumpfbeugungen, so wie die Bewegungen, welche zugleich Balancirübungen sind (Hackenheben, Kniebeugen), können später durch die nach verschiedenen Richtungen gestreckten Arme verstärkt werden.

Fig. 5.

Das Beugen rückwärts wird in ähnlicher Weise ausgeführt. Das Strecken ist das einfache Aufrichten in die Grundstellung.

2. **Rumpfbeugen seitwärts.**

Fig. 6.

Der Oberkörper beugt sich ohne Verdrehen so weit in der senkrechten Ebene der Schulter herab, als es ohne Lüften des rechten resp. linken Fußes möglich ist.

Fig. 7.

3. **Rumpfdrehen.**

Besteht in einem ruhigen, stetigen Drehen des Oberkörpers um seine Längenaxe. Der Kopf folgt dieser Bewegung, die Hüften sind durch Schließen der Füße in der Frontlinie zu erhalten.

§. 3.

1. Armstrecken aufwärts, seitwärts, vorwärts, rückwärts und abwärts.

Arm- und Handbewegungen.

Fig. 8.

Das erste Tempo sämmtlicher Armstreckungen bildet ein kurzes Armaufwärtsbeugen, bei welchem der Unterarm vor dem senkrecht an den Oberleib zu drückenden Oberarm zu liegen kommt, und Hand wie Finger in derselben senkrechten Ebene so gewinkelt werden, daß die Spitzen der Letzteren das Schultergelenk berühren.

Im zweiten Tempo kräftiges, stoßartiges Strecken in der angegebenen Richtung.

2

Das Strecken aufwärts findet bis zur Senkrechten, seitwärts und vorwärts in der Wagrechten, rückwärts so weit statt, als es ohne Mitbewegung des Oberkörpers geschehen kann. Flache Hand, Handwurzel und Arm eine gerade Linie. Die Handflächen bei aufwärts, vorwärts und rückwärts gegen einander, bei seitwärts nach unten gekehrt.

2. Das Armrollen vor- und rückwärts.

Fig. 9.

Es besteht in einer ruhigen Kreisführung der seitwärts gestreckten Arme aus dem Schultergelenk, die Wagrechte als Mittellinie. Die Kreise sind so groß zu machen, als dem einzelnen Mann möglich ist, ohne die normale Haltung des übrigen Körpers zu verlieren. Die Hand bleibt flach in wagerechter Stellung.

3. Handrollen.

Bei vorwärts oder seitwärts gestreckten Armen beschreiben die gestreckten Hände möglichst große, langsam auszuführende Kreise im Handgelenk, ohne jede Mitbewegung der Arme, in verschiedenen Handstellungen.

§. 4.

Kopfbewegungen.

1. Kopfbeugen vor-, rück- und seitwärts.

Der Kopf wird gerade, ohne Verdrehung nach vorn gebeugt, bis das Kinn die Brust leise berührt, ebenso rückwärts soweit als möglich. Beim Seitwärtsbeugen ist außerdem darauf zu sehen, daß der Kopf sich nicht gleichzeitig nach vorne oder hinten beugt, und daß keine Schulterbewegungen stattfinden.

2. Kopfdrehen.

Den Kopf ohne die geringste Beugung horizontal nach der bezeichneten Seite drehen. Festhalten der Schultern in der Frontlinie.

B. Freiübungen von der Stelle.

§. 3.

Derselbe wird auf den Fußspitzen mit leicht gekrümmten Beinen ausgeführt, indem das rechte, sich krümmende Bein durch eine kurze Streckbewegung die auf ihm allein augenblicklich befindliche Last des Körpers auf das vorgeschwungene linke Bein fortschnellt. Dieses empfängt dieselbe mit leichtem, federartigen Nachgeben und wirft sie seinerseits wieder dem nun vorgeschwungenen rechten Bein zu u. s. w. Der Oberkörper ist hierbei etwas vorne über geneigt, die Arme bis zum rechten Winkel gebeugt, die Ellenbogen etwas zurückgenommen, die Finger leicht gekrümmt. *Der Laufschritt.*

Die Hauptsache bleibt eine leichte und dabei doch gute Haltung des Oberkörpers. Die Schrittweite beträgt 2 Fuß 8 Zoll, die Kadence 165--170 Schritt in der Minute. Während der Rekrutenzeit wird stets nur wenige Minuten hintereinander gelaufen. Später hat nach je 4 Minuten Lauf eine Schrittpause von 5 Minuten einzutreten.

Bei 22 Minuten würden sich z. B. ergeben:

    4 Minuten Lauf,
    5 do. Schritt,
    4 do. Lauf,
    5 do. Schritt,
    4 do. Lauf.
    22 Minuten.

Mit feldmäßigem Gepäck darf die Uebung nie länger als 16 Minuten dauern, incl. 10 Minuten Schrittpause und zwar:

2 Minuten Lauf,
5 do. Schritt,
2 do. Lauf,
5 do. Schritt,
2 do. Lauf.
16 Minuten.

Beim Laufen mit Gewehr und Lederzeug wird Gewehr auf rechte Schulter genommen, rechte Hand am Kolbenhals; die linke Hand faßt das Faschinenmesser, die Spitze desselben zeigt nach vorne.

Fig. 10.

Beim Laufen ist wohl zu beachten, daß nicht die häufige Uebung, sondern die richtige Methode zur Ausdauer führt.

§. 6.
1. **Schlußsprung von der Stelle.**
Fig. 11.

Sprungübungen.

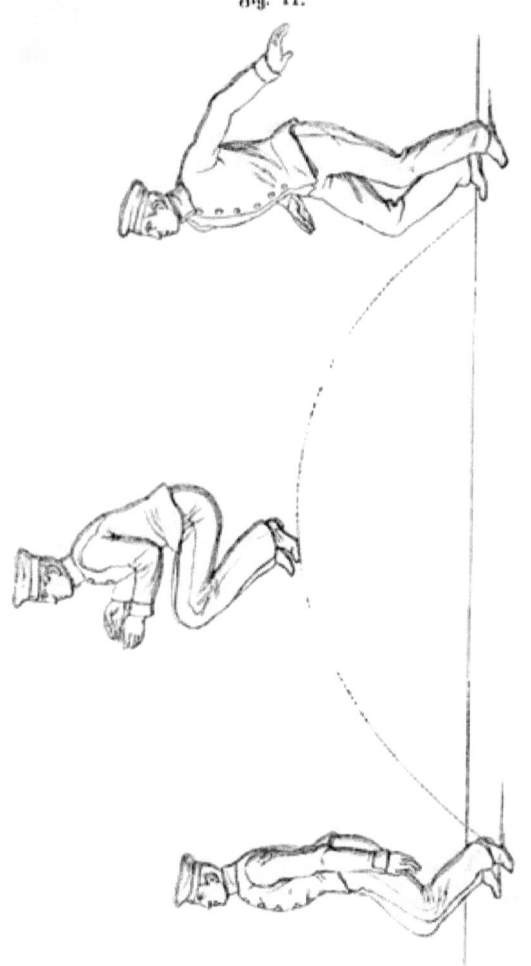

Ist analog dem Schlußsprung auf der Stelle, nur daß der Oberkörper sich im ersten Tempo etwas vorneigt, wodurch der Körper beim Abschnellen vorwärts bewegt wird.

2. **Sprung mit 3 Schritt Anlauf und mit ganz freiem Anlauf.**

Aus dem Laufe wird das eine Bein unter kräftigerem Abschnellen des anderen nach vorwärts gestreckt. Die Beine vereinigen sich wieder während des Schwebens, so daß der Niedersprung wie beim Schlußsprung gewonnen wird. Der Sprung mit Anlauf wird später auch als Schrittsprung geübt, in welchem der Niedersprung auf dem vorgestreckten Beine allein stattfindet, und der Lauf durch sofortiges Wiederabschnellen fortgesetzt wird. Beim Sprung in die Tiefe ist der Niedersprung stets auf beiden Beinen.

C. Gewehrübungen.

Der Mann nimmt auf dieses Avertissement die Spreitzstellung ein und stellt das Gewehr mit der rechten Hand an die innere Seite des rechten Fußes, die Laufseite dem Körper zugekehrt.

§. 7.

Uebungen mit beiden Armen.

Die Hände erfassen das Gewehr im Aufgriff, so daß die linke Hand am Mittelring, die rechte, Schulterbreite von ihr entfernt, etwa auf dem Hülsenkopf liegt, die Unterarme werden rechtwinklig gegen die senkrechten Oberarme gestellt, das Gewehr hierdurch wagerecht quer vor dem Körper, der Lauf demselben zugekehrt.

1. **Gewehr-strecken vorwärts und aufwärts.**

Die Arme strecken sich in horizontaler Richtung, ohne die wagerechte Lage des Gewehrs zu verändern; kurzes Verweilen darin, dann wieder beugen.

Ebenso strecken in senkrechter Richtung aufwärts.

2. **Heben und Senken des Gewehrs.**

Aus dem vorwärts oder aufwärts gestreckten Gewehr werden die Arme, ohne ihre gestreckte Haltung aufzugeben, bis zur Senkrechten gehoben und wieder gesenkt oder umgekehrt.

3. **Wechselseitiges Kniebeugen und Strecken.**

Gewehr vorwärts strecken, dann langsames Kniebeugen auf einem Bein, das andere vorwärts gestreckt; kurzes Verweilen darin, dann langsam strecken.

Ebenso auf dem andern Bein.

4. **Rumpfbeugen vorwärts.**

Geschieht ganz nach Analogie der Freiübungen mit aufwärts gestrecktem Gewehr.

§. 8.

Der Mann erfaßt mit der rechten (linken) Hand das Gewehr am Unterring, wobei der Unterarm sich rechtwinklig gegen den senkrechten Oberarm beugt, das Gewehr steht senkrecht, der Lauf dem Körper zugekehrt. *Uebungen mit einem Arm.*

1. **Gewehr vorwärts- und seitwärts strecken.**

Der beschwerte Arm wird nach der befohlenen Richtung gestreckt, so daß er horizontal zu liegen kommt, das Gewehr bleibt in seiner senkrechten Lage.

2. **Gewehr seitwärts-führen.**

Der mit dem Gewehr vorwärts gestreckte Arm wird in horizontaler Lage so weit seitwärts und rückwärts geführt, als es das Schultergelenk gestattet; nach einer kurzen Pause ebenso nach vorwärts.

3. **Gewehr heben und senken.**

Der vorwärts oder seitwärts gestreckte Arm hebt das Gewehr in mäßigem Tempo in senkrechter Lage so weit in die Höhe, als es das Schultergelenk zuläßt; analog senken.

4. **Bajonet rechts (links) senken.**

Das Gewehr wird bei vorwärts (seitwärts) gestrecktem Arm durch eine Drehung im Handgelenk nach rechts oder links aus der senkrechten in die wagerechte Lage gebracht; entsprechend zurück.

Anmerkung. Die in §. 8. sub. 1—3. angeführten Uebungen können in späterer Zeit auch mit beiden Armen zugleich gemacht werden.

II. Rüstübungen.
A. Uebungen am Querbaum.
§. 9.

Uebungen im Hang.

1. Der **Langhang** (Baum in Sprungreichhöhe).
Der Uebende springt mit Schlußsprung ab, die gestreckten Arme ergreifen den Baum.
    a. mit Aufgriff Fig. 12. a.
    b. mit Untergriff Fig. 12. b.
    c. mit Zwiegriff Fig. 12. c.

Fig. 12.

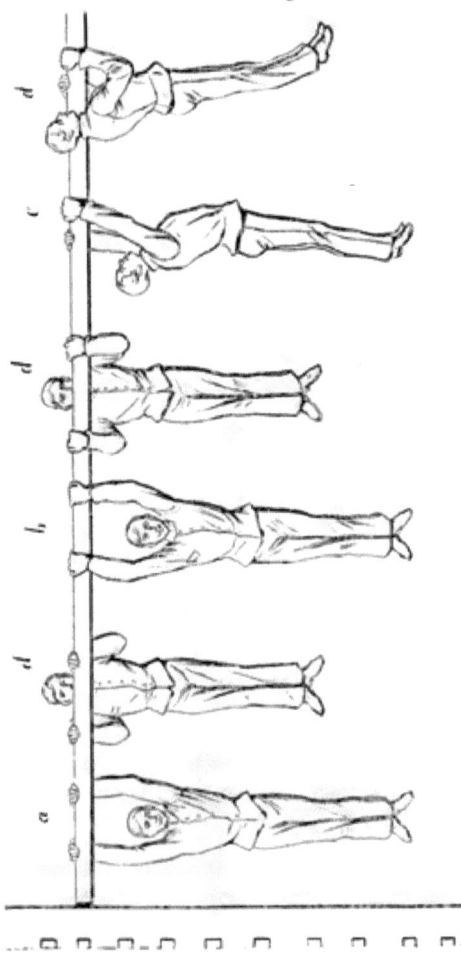

Bei a. und b. sind die Schultern parallel dem Baume, Hände Schulterbreite auseinander, bei c. in der Querrichtung, Hände dicht aneinander. Arme und Körper sind vollständig gestreckt. Eine Weile hängen, dann der Niedersprung wie beim Schlußsprung.

2. Der Klimmhang, Kurzhang (Baum in Scheitelhöhe).

Ausführung wie beim Langhang, nur daß die Arme den Sprung benutzen, um den Körper mit den Schultern bis zur Baumhöhe (resp. höher bei Auf- und Untergriff) zu erheben. Der Armwinkel möglichst klein. Kurzes Verweilen in demselben. Herunterlassen in den Langhang und ab. Fig. 12. d.

3. Das Klimmziehen (Sprungreichhöhe).

Langsames Emporheben des Körpers ohne jede Mitbewegung aus dem Langhang in den Klimmhang; ebenso zurück.

4. Handgang im Auf- und Zwiegriff.
    a. im Langhang,
    b. im Kurzhang.

Beim Zwiegriff greift die eine Hand über die andere fort, beim Aufgriff dagegen seitwärts, worauf die andere auf Schulterbreite nachfolgt u. s. w. Der Körper bleibt gestreckt. Später als Doppelhandgang, wo beide Arme sprungartig weiter greifen.

5. Längsliegehang (Baum in Schulterhöhe). Fig. 13. a.

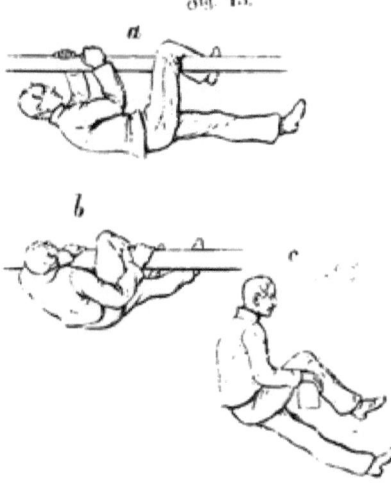

Fig. 13.

Der Uebende erfaßt den Baum im Zwiegriff, giebt sich den Abstoß zum Sprung in den Klimmhang mit einem Bein, das Schritt vorwärts macht, und wirft, indem der Unterkörper hierdurch emporgehoben wird, das andere über den Baum, so daß der Körper zum Theil im Kniegelenk hängt. Nun läßt die dem Beine ungleichseitige Hand los, und nimmt der übrige Körper eine vollständig gestreckte Haltung unterhalb des Baumes ein. Diese Uebung ist später in Sprungreichhöhe (wo dann der Abstoß mit Schlußsprung gemacht wird) und auch aus dem Langhang zu machen, bei welchem Letzteren dann nur die Arme allein durch Klimmziehen und Gesäßheben die Uebung ausführen.

6. **Querliegehang und Schwingen.** Fig. 13. b. und c.

Aus dem Längsliegehang geht der Uebende in den Querliegehang, indem die freie Hand zwischen der festen und dem Knie, Letztere dagegen über das Knie fortgreift; hierdurch werden die Schultern dem Baume parallel, der übrige Körper, wagrecht gestreckt, senkrecht gegen den Baum gestellt. Später geschieht das Einnehmen des Querliegehangs direkt aus Aufgriff, das Knie dicht neben den Händen. Aus dem Querliegehang Schwingen des gestreckten Beins, durch welches der ganze Körper mit in Schwingungen gesetzt wird.

7. **Sturzhang in Hockstellung**, vorlings. Fig. 14. a.

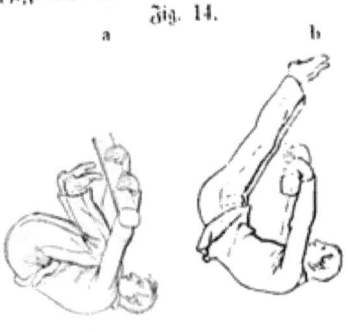

Fig. 14.

Aufgriff, Abstoß mit einem Bein analog Nr. 5. Beide Beine werden unter Nachgeben der Arme in den Langhang, kurz angezogen und mit dem Fußgelenk gegen den Baum gelegt. Kurzes Verweilen darin, dann langsames Niederlassen des Gesäßes, Ausstrecken und ab. Später wie Nr. 5 in Sprungreichhöhe und aus dem Langhang.

NB. Wo die Bezeichnung der Baumhöhe fehlt, ist zunächst die Höhe, in welcher die vorhergehende Uebung gemacht wurde, maßgebend.

27

8. Seitliegehang. Fig. 14. b.

Sturzhang in Hockstellung, dann langsames Ausstrecken der Beine, so daß der Oberkörper wagrecht, die Beine mit dem Knie gegen den Baum zu liegen kommen. In demselben wird das Klimmziehen mit Gesäßheben geübt, auch wird der Seitliegehang direkt eingenommen, wo sich dann die anfangs gekrümmten Beine vor dem Anlegen an den Baum ausstrecken.

9. Durchzug.

Fig. 15.

Sturzhang in Hockstellung. Dann wird ein Bein nach dem anderen zwischen den Armen hindurch gebracht (auch beide Beine gleichzeitig).

Der Oberkörper weiter herunter gelassen und die Beine gestreckt. Fig. 15 b.

Nach kurzem Verweilen in dieser Lage Niedersprung oder auf demselben Wege langsam zurück.

§. 10.

1. Sprung in den Stütz (Baum-, Hüft- bis Schulterhöhe).

Uebungen im Stütz.

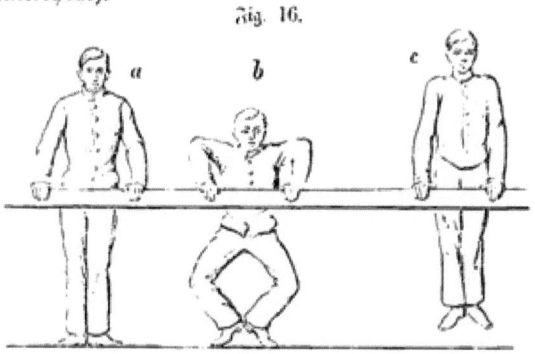

Fig. 16.

Der Uebende tritt bis auf Unterarmlänge an den Baum heran, legt beide Hände in Schulterbreite von einander, Daumen diesseits, Finger jenseits, leicht auf den Baum. Schlußsprung und Druck beider Arme senkrecht nach unten. Hierdurch Stützhang mit gestreckten Armen, Oberkörper etwas vorgeneigt, Beine gestreckt und geschlossen, lothrecht, mit den Oberschenkeln angelegt. — Niedersprung, Hände los, Wegtreten.

2. Spreitzen der Beine.

Fig. 17.

Stütz. Die Beine werden langsam seitwärts abwechselnd gehoben und gesenkt.

3. Stützhüpfen mit Gesäßheben (aus Stand und mit Anlauf) — Baum in Hüfthöhe. Fig. 18. a.

Fig. 18.

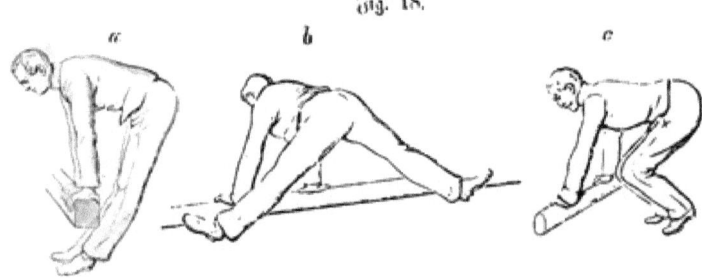

Die Arme werden kräftiger gebraucht, als bei Nr. 1 und heben hierdurch das Gesäß im Sprunge immer höher. Der Körper legt sich nicht gegen den Baum, sondern fällt vom höchsten Punkte des Sprunges gleich in die Kniebenge zurück, aus welcher die Uebung wiederholt wird. Hiermit verbunden Beinbewegungen.

1. halbe Spreitze (siehe Nr. 2);
2. ganze Spreitze. Beide Beine gehen seitwärts aufwärts auseinander. Fig. 18. b.;
3. Hocke. Beide Beine werden scharf gegen die Brust angezogen. Fig. 18. c.;
4. Schwingen beider Beine (geschlossen, seitwärts aufwärts). Der ganze Körper ist möglichst mit zu schwingen. Der höchste Punkt der Beinbewegungen muß mit dem des Sprunges zusammenfallen.

Der Anlauf ist in seinem Anfang analog dem Sprung mit drei Schritt Anlauf, der Niedersprung dicht vor dem Baum mit gleichzeitigem Erfassen desselben mit beiden Händen. Aus der Kniebeuge des Niedersprunges erfolgt jedoch erst der eigentliche Sprung durch kräftiges Strecken beider Beine.

4. **Spreitzaufsitzen.**
    a. mit festen Händen;
    b. mit Lüften der gleichseitigen Hand.

Das Spreitzen nach rechts wird etwas lebhafter ausgeführt, Hinüberführen des Beines über den Baum und Drehen des Körpers in die Querlage zum Baum, dann Hinsetzen und linke Hand los. — Reitsitz. — Kleiner Schwung durch Vorgehen des rechten Beines. Beim Zurückschwingen, Drehen der Schultern und Erfassen des Baumes mit der linken Hand, Heben der Arme in den Stütz und Zurückführen des Beines in den Seitstütz.

Bei b. macht die rechte Hand beim Hinüberführen dem rechten Bein Platz, um sogleich wieder den Baum zu erfassen.

Der Stütz und die Schulterstellung bleiben. Beim Zurückführen wird der Schwung des gestreckten Beins von links her genommen. Die rechte Hand macht ebenfalls für einen Moment dem rechten Bein Platz.

5. **Sitzwechsel.**

Reitsitz. Beide Hände los. Das rechte Bein wird mit unveränderten Schultern über den Baum geschwungen. (Halbquersitz.) — Dann zurück. — Aus Halbquersitz links durch Hinüberschwingen beider Beine über den Baum in Halbquersitz rechts.

Aus Halbquersitz links Schulterdrehung links parallel mit dem Baum und Folgen der Beine (Seitsitz). —

6. Handgang. Doppelhandgang.

Bei Handgang rechts greift die rechte Hand etwa Handlänge rechts seitwärts fort, der linke Arm schiebt den Körper ihr nach und zieht sich wieder in Schulterbreite heran. Doppelhandgang ist die sprungartige Bewegung des Körpers auf beiden Armen gleichzeitig.

7. Doppel-Armbeugen und Strecken vor und rücklings. — (Baum Schulterhöhe.) —

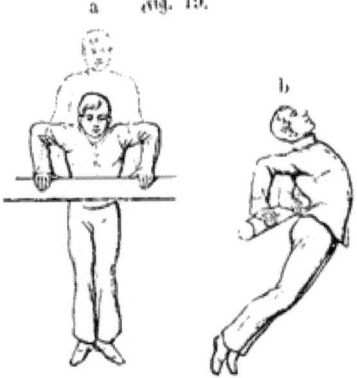

Fig. 19.

Beide Arme beugen sich ruhig und gleichmäßig, ohne daß der Körper im weiteren Herunterfinken den Baum berührt, so viel als möglich. — Knickstütz. — Kurzes Verweilen darin, dann wieder ruhiges Strecken und ab. Rücklings ebenso, nachdem vorher der Seitsitz und aus diesem der Stütz rücklings eingenommen ist.

8. Herabsenken aus Stützhang in Langhang und Emporheben aus diesem in jenen. — (Baum Sprungreichhöhe.) —

Knickstütz, hierauf Abbiegen erst eines Arms, dann des anderen in den Kurzhang, Herunterlassen in den Langhang. — Scharfes Emporheben in den Kurzhang, anfangs unterstützt durch Schlußsprung. Aufbiegen erst eines, dann des anderen Armes in den Knickstütz, Strecken der Arme. Das Ab- und Aufbiegen der Arme wird später gleichzeitig gemacht.

31

9. Wuchten im Stütz.

Fig. 24.

Beide Beine gehen etwas vorwärts und geben dem Körper mit den Oberschenkeln einen kurzen, aber kräftigen Abstoß nach hinten, vom Baume ab. Die Arme bleiben gestreckt, senkrecht, wodurch der Körper wieder von selbst in den Stützhang zurückfällt. —

10. Abschnellen.

Aus dem Wuchten stoßen die unmerklich gekrümmten Arme den Körper kräftig nach hinten ab, so daß vom Baume mehr oder minder entfernt der Niedersprung genommen wird.

§. 11.

1. Knie-Auf- und Abschwung (Baum Schulterhöhe). Fig. 13. e.

Auf- und Abschwünge.

Querliegehang, Schwingen, Aufbiegen und Strecken der Arme im Momente, wo das gestreckte Bein rückwärts geht und hierdurch der Oberkörper in die Höhe des Baumes emporgehoben wird. — Vorwärts oder rückwärts hinunterlassen, Herunternehmen des Beines vom Baume und Niedersprung.

2. Auf- und Abschwung. Fig. 14. b.

Seitliegehang und sogleich scharfer Klimmzug mit Gesäßheben, wodurch das Gesäß höher als der Baum gehoben wird, und dann der Körper durch die Last der gestreckten Beine sich um den Baum schwingt, bis der Oberkörper wieder oberhalb desselben anlangt. Im letzten Momente Strecken der Arme zum Stütz. — Der Oberkörper neigt sich, auf dem Bauch aufliegend, nach vorne, während die Hände den Baum im Aufgriff von unten her erfassen. Heruntersenken durch Seitliegehang in Langhang. Wird diese Uebung langsam aus reiner Armkraft gemacht, so heißt sie Auf- resp. Abzug.

3. **Rückwärts Abschwung.** Fig. 15. a. und b.

Seitsitz, Aufgriff der Hände; der Oberkörper neigt sich nach hinten über, hierdurch Schwingung des Körpers rückwärts um die festgehaltenen Hände, welche loslassen, kurz bevor die Füße den Boden berühren.

§. 12.

Ueberschwünge und Sprünge.

Alle Bewegungen dieses §. sind aus verschiedenen Muskelactionen zusammengesetzt, die fast so gleichzeitig wirken, daß die Reihenfolge ihres Einwirkens nur schwer wahrnehmbar ist.

1. **Wende aus Stand, Stütz und mit Anlauf.** (Spalt- und Hüftshöhe.)

Fig. 21.

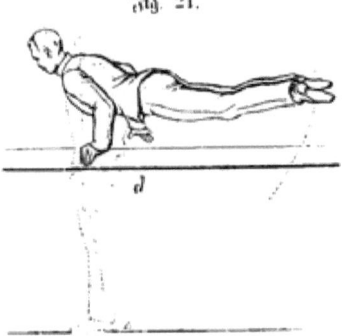

a. Aus Stand. — Stützhüpfen mit Schwingen der geschlossenen Beine nach rechts aufwärts, indem sich die ganze Last des Körpers auf den linken Arm legt und die Schultern eine Viertel-Drehung nach demselben machen. Der rechte Arm giebt einen Druck vorwärts und macht dem sich über den Baum schwingenden Körper Platz. Dieser nimmt seinen Niedersprung dicht neben der stehen gebliebenen linken Hand. Im letzten Momente wechselt diese den Griff, so daß sie wieder im Aufgriff im Stande ist, dem Körper einen Halt zu bieten.

b. Stütz. Dasselbe, nur daß an Stelle der Sprungbewegung das Wuchten als Schwung benutzt wird. Im höchsten Punkte der Wende ist der Körper dem Baume zugekehrt, parallel mit demselben

c. Mit Anlauf: dasselbe siehe §. 10. 3. der Anlauf.

2. Barrieresprung. (für die linke Seite).

Fig. 22.

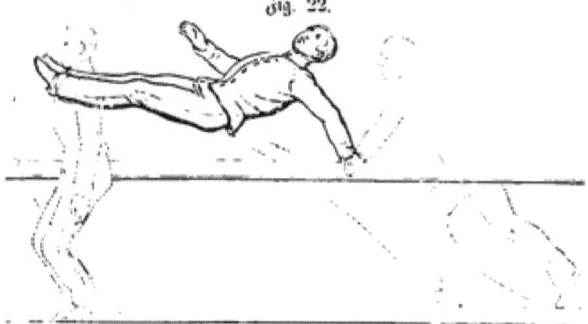

Uebender steht neben dem Baum, die rechte Seite demselben zugekehrt. Schritt vorwärts und Erfassen des Baumes mit der rechten Hand in gleicher Höhe mit dem vorschreitenden linken Bein. Sogleich kräftiges Abschnellen desselben, Druck des rechten Armes nach unten und Vorschnellen des rechten Beines, dem sich das linke anschließt, während der Körper durch diese zusammenwirkenden Bewegungen vorwärts über den Baum geschwungen wird. Beim Niedersprung ergreift die linke Hand den Baum, die rechte verläßt denselben und wird an ihre Körperseite herangezogen.

3. Kehre aus Stand und mit Anlauf. Stützhüpfen, Last auf dem rechten Arme, Loslassen des linken unter Vierteldrehung des Körpers von der Hand ab. Die Uebung vollendet sich wie die vorige. Der Körper soll in seiner höchsten Erhebung sich oberhalb des Baumes, mit ihm parallel, von ihm abgekehrt befinden.

4. Hocke. (Stand und Anlauf.)

In der Form des Stützhüpfens mit Hocken wird der Druck der Arme nach Möglichkeit energisch konzentrirt und der Körper durch Loslassen der Hände mit scharf angezogenen Beinen gerade über den Baum fortgeschwungen. Nachdem die Beine den Baum passirt haben, strecken sie sich noch einen Augenblick, um den vorgeschriebenen Niedersprung zu nehmen.

§. 13.

Baum anfangs Hüfthöhe, später höher.

Balancir-Uebungen.

1. Gehen vor- und rückwärts.

Die Oberarme werden beinahe bis zur Wagrechten erhoben, die Unterarme vorwärts gebeugt, die Finger leicht gekrümmt, die Beine gleichfalls ein wenig, die Füße auswärts. In dieser Haltung Gang. Die Beine werden leicht aufgesetzt. Das Vorsetzen eines der beiden Beine ist ein Tempo, das in der Uebungsstunde nicht verlassen werden darf, bevor nicht der Körper in ihm seine vollständige Herrschaft wieder erlangt hat.

2. Aufrichten aus dem Reitsitz und Niederlassen in denselben.

Der Uebende schwingt sich, indem er sich auf die Hände im Zwiegriff stützt, mit den Beinen rückwärts so hoch, daß dieselben den Hockstand dicht hinter der Sitzstelle gewinnen können.

Loslassen der Hände, Strecken der Beine in die vorhin angegebene Haltung. — Man neigt sich unter allmäligem Kniebeugen vorne über, erfaßt mit den Händen den Baum und läßt sich in den Reitsitz nieder.

Außerdem wird der Querbaum noch zu den Sprungübungen benutzt.

B. Uebungen am Sprungkasten.

§. 14.

Uebungen im Querstand des Kastens.

Diese sind denen am Querbaum ähnlich, weshalb auf sie verwiesen wird. Jedoch können hier zweckmäßige Vorübungen vorgenommen werden, welche in Nachfolgendem besonders beschrieben sind:

1. **Wende.** (Stand und Anlauf.)

a. Vorübung Fig. 23. a.

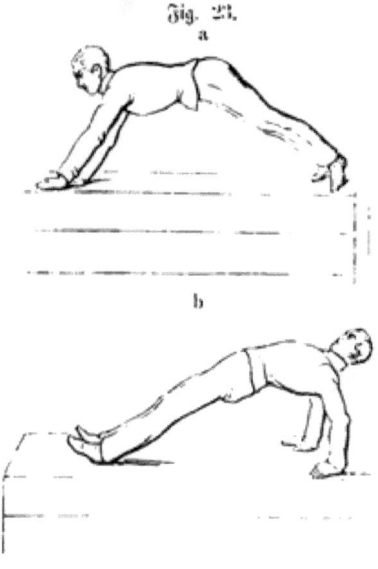

Fig. 23.
a

b

Der Körper wird nicht gleich hinübergeschwungen, sondern die Fußspitzen setzen auf den Kasten auf; der Körper demselben zugekehrt, gestreckt, ruht auf den neben einander stehenden Händen. Kurzes Verweilen darin, Fortsetzung des Sprunges.

b. Wende (siehe Querbaum).

2. **Kehre** (Stand und Anlauf) Fig. 23. b.

a. Vorübung.

Der Körper macht nach Analogie der Wende ebenfalls eine Pause durch Aufsetzen der Hacken, nachdem die Drehung vom Kasten ab ausgeführt ist. Die linke Hand, welche den Kasten verlassen hatte, um den Beinen Platz zu machen, hat sich sogleich wieder auf ihn gestützt. Der Körper ist gestreckt. — Dann Fortsetzen des Ueberschwunges.

b. Kehre (siehe Querbaum).

3. **Hocke.** (Anlauf.)

a. Vorübung.

Loslassen der Hände im Sprunge, eben so wie am Querbaum, dann Aufsetzen der Füße auf den Kasten, Aufrichten in den Stand, vorwärts Niedersprung.

b. Hocke (siehe Querbaum).

3*

4. **Freisprung aus 3 Schritt Anlauf.**

Wird ebenso wie früher beschrieben ausgeführt. Der Hauptzweck dieser Uebungen ist, den Mann zu gewöhnen, auch über feste Gegenstände hinwegzuspringen.

§. 15.

Uebungen im Längsstand des Kastens.

1. **Sprung in den Reitsitz.** Stand und Anlauf.

Absprung wie beim Stützhüpfen am Querbaum, gleichzeitiges Oeffnen der Beine und Vorschieben des Gesäßes nach vorne, Hände los und Niederfallen in den Reitsitz vor dem Punkte, wo die Hände aufsetzten.

2. **Längssprung über den Kasten.**

Fig. 24.

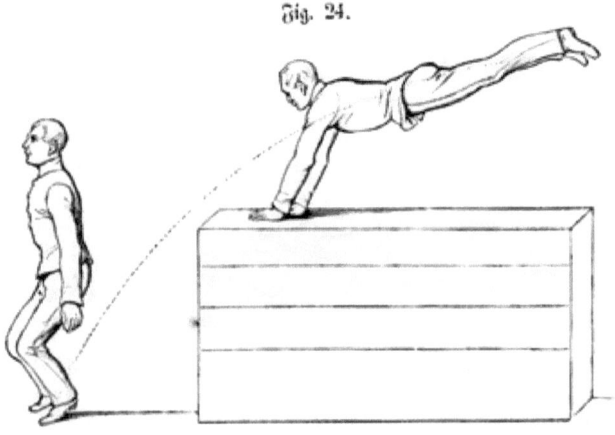

a. *Vorübung.* 1stes Tempo. Absprung mit Vorneigen des Oberkörpers, welcher weiter sinkt, so daß er durch die möglichst weit vorgestreckten Hände im Stütz und durch die Fußspitzen gleichzeitig aufgefangen wird. Körper vollständig gestreckt.

2tes Tempo. Kleiner Abstoß der Beine, welche sich öffnen, und scharfer Druck der Arme, so daß der Niedersprung vor dem Kasten gewonnen werden kann.

b. **Längssprung.** Das Aufsetzen der Beine auf den Kasten bleibt fort; sie öffnen sich im Momente des Aufsetzens der Hände, welche sogleich durch scharfen Druck den Körper vor dem Kasten zum Niedersprung befördern. Ganz besonders ist hierbei darauf zu halten, daß die Hände so weit als möglich nach vorne greifen.

3. **Freisprung.**

C. Uebungen am Paartau.
§. 16.

1. **Langhang.**
2. **Kurzhang.**
3. **Klimmziehen.**

Ausführung wie am Querbaum.

4. **Klimmen wechselseitig.**

Kurzhang. Die eine Hand greift nach oben fort, Nachheben des Körpers, die andere Hand an dieser vorbei weiter, u. s. f. Das Herabklimmen ebenso. Beine geschlossen und gestreckt.

5. **Sturzhang.**

a. In Hockstellung wie am Querbaum, nur daß die Füße sich nicht anlegen.

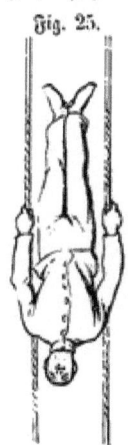
Fig. 25.

b. **Gestreckt.** Der Körper streckt sich aus der Hockstellung, erst mit Anlegen an die Taue, dann frei nach oben senkrecht aus.

6. **Umschwung, Umzug.**

Fig. 26.

Aus dem Sturzhang weiteres Hinübersenken des Körpers und Absprung, oder eben so zurück. Die Beine sind später während der ganzen Uebung zu strecken. Umzug ebenso, nur langsam aus reiner Armkraft.

7. **Kletterhang am einzelnen Tau.**

Uebender ergreift aus Stand bequem das Tau mit gestreckten Armen über sich, krümmt ein Bein aufwärts, Unterschenkel etwas nach innen gebracht, indem er das herabhängende Tau über dem Fußgelenk mit vorbringt. Hierauf Versuch, das Tau mit dem anderen Beine, im Hang mit gestreckten Armen, fest zu erfassen. —

Kletterhang im Langhang. — Gelingt es, so hebt er mit Hülfe der sich streckenden Beine den Körper empor, bis die Beine vollständig gestreckt und geschlossen noch an mehreren anderen Punkten das Tau zwischen sich festhalten, und die Arme möglichst gebengt sind.

— Kletterhang im Kurzhang. —

8. **Klettern am einzelnen Tau.** Aus dem Kletterhang im Kurzhang greifen die Hände gestreckt nach oben. Darauf durch Kletterhang im Langhang in den im Kurzhang u. s. w. Allmälig werden die Beine immer höher emporgebengt, um recht große Züge zu machen.

D. Uebungen an der Stange.

§. 17.

1. Langhang.
2. Kurzhang.
3. Klimmziehen.
4. Klimmen wechselseitig.
5. Klettern.

Sämmtliche Uebungen mit geringen Abänderungen, die sich von selbst ergeben, wie am Tau.

E. Der Sprossenständer.

§. 18.

Dient zu verschiedenen Steige-Uebungen, durch welche der Mann an Ueberwindung des Schwindels gewöhnt werden soll.

F. Uebungen am Sprunggestell.

§. 19.

Das Sprunggestell dient nur als Sprungmaaß, durch welches der Mann ein sicheres Auge für die Leistungsfähigkeit seines Körpers erlangen soll. Es muß darauf gehalten werden, daß nie höher gesprungen wird, als die Schnur liegt.

III. Bajonettfechten.

A. Das Schulfechten auf ebenem Boden.

Schule ohne Gewehr.

§. 20.

Stellung ohne Gewehr.

Wird in der ersten Zeit am besten in zwei Tempo's geübt. Im ersten Tempo Achtelwendung rechts auf dem rechten Absatz, der linke Fuß mit dem Absatz rechtwinklig vor denselben gesetzt. Schulter und Kopf nach Möglichkeit in die Richtung des linken Fußes gedreht, der die Gefechtslinie, Gefechtsebene bestimmt. Im zweiten Tempo Beugung der Knie und Vorsetzen des linken Fußes um Schulterbreite, sowie Fixirung der Arme in den Hüften. Das vordere Knie senkrecht über dem Absatz, das hintere über der Schuhspitze. Das Gewicht des Körpers ruht hauptsächlich auf dem hinteren Fuße. Der übrige Körper bleibt in der Haltung des ersten Tempo's, die Hüften wagrecht, der Oberkörper in freier Haltung senkrecht auf denselben, Schultern und Kopf in der Gefechtsebene. In der ersten Zeit ist den körperlich weniger Begünstigten in Bezug auf die Schulterstellung eine nicht ganz korrekte Haltung nachzusehen, bis die Beine erst in der richtigen Stellung ganz sicher geworden sind. Eine Abweichung des Oberkörpers aus der Senkrechten nach hinten (vom Feinde ab) ist unter keinen Umständen zu gestatten, eher die nach vorne (dem Feinde entgegen).

§. 21.
Der Stellungswechsel.

Fig. 27. Derselbe geschieht durch halbe Drehung auf dem Absatze des Fußes, nach dem hin die Bewegung verlangt wird, vorwärts oder rückwärts und durch vor- resp. dahintersetzen des anderen Fußes in die ursprüngliche Gefechtslinie, Schulterbreite vom stehen bleibenden Absatz entfernt. Die Füße machen hierbei nur Vierteldrehung. Die Gewichtsvertheilung und Stellung analog §. 20.

§. 22.
Der Tritt vorwärts und rückwärts.

Der Fuß, nach dem hin die Bewegung gemacht werden soll, wird, ohne den Boden zu streifen, dicht über demselben um eine Fußlänge weggesetzt, worauf der andere auf vorgeschriebene Entfernung herangezogen wird. Jedes Sprungartige dieser, sowie der folgenden Bewegung ist zu vermeiden, um nicht eine schwankende Stellung hervorzurufen.

§. 23.

Der Doppelschritt vorwärts (und rückwärts).

Fig. 28. Der hintere Fuß passirt mit dem Hacken um Handbreite die Spitze des vorderen Fußes, worauf der vordere wieder um Schulterbreite davor niedergesetzt wird. Bei rückwärts passirt die Spitze des vorderen Fußes um Handbreite den Hacken des hinteren Fußes u. s. w.

Die Uebungen der §§. 21—23. werden zunächst nur als Mittel benutzt, um durch häufiges Heraustreten aus der Stellung und Wiederaufnehmen derselben das Gefühl für die richtige Stellung und Vertheilung der Körperlast auf die Füße zu befestigen. Zu gleichem Zwecke dient der Apell, bestehend in ein- oder mehrmaligem leichten Auftritt mit dem vorderen Fuße, augenblicklich nach gegebenem Avertissement.

§. 24.

Der Ausfall.

Er wird anfangs in zwei Tempo's erlernt.

Im ersten Tempo streckt der Mann das rechte (linke) Knie und legt sich ohne Verdrehung der Schultern mit seinem Oberkörper so weit vor, daß dessen Gewicht auf dem vorderen Fuß ruht.

Im zweiten Tempo hebt der Mann den linken (rechten) Fuß und setzt ihn, indem er mit demselben dicht über dem Erdboden fortstreicht, mit einem lebhaften Schlage in gerader Linie eine gute Fußlänge vor. Das Knie wird so weit gebeugt, daß es senkrecht über der Schuhspitze sich befindet. Der Oberkörper ist ohne Verdrehung der Schultern und ohne daß er seine senkrechte Ebene nach rechts oder links verläßt, so weit nach vorwärts geneigt, daß dessen hintere Seitenlinie mit dem gestreckten Beine in einer geraden Linie liegt.

Es ist bei dem zweiten Tempo besonders darauf zu halten, daß während desselben das rechte (linke) Bein fortwährend gestreckt bleibt.

Um in die Stellung zurückzukehren, schnellt sich der linke (rechte) Fuß mit einem kräftigen Drucke des Ballens und der Zehen vom Boden ab und nimmt, während sich das rechte (linke) Knie beugt, den für die Stellung angewiesenen Platz wieder ein.

Sobald der Ausfall mit hinreichender Korrektheit und Sicherheit gemacht wird, läßt man denselben und das Aufrichten in die Stellung ohne dazwischen gelegte Pause, unmittelbar sich folgend üben.

Schule mit Gewehr.
§. 25.
Stellung mit Gewehr.
Fig. 29.

In zwei Tempo's analog den Tempo's des §. 20. Erstes Tempo wie beim gefällten Gewehr. Im zweiten Tempo zieht die hintere Hand das Gewehr in die Auslage herunter, welche nachstehend beschrieben ist, und mit welcher man die Soldaten vertraut macht, ehe man sie schnell ausführen läßt.

Der Ellenbogen des vorderen Armes sucht einen Stützpunkt an der Hüfte, der Unterarm wird in der Wagrechten, möglichst in die Gefechtsebene nach außen gedreht, die Handknöchel nach unten, Hand, Handwurzel, Unterarm in einer geraden Linie. In diese Hand wird das Gewehr am Unterring (ungefähr im Gleichgewicht) gelegt. Durch sie, welche das Gewehr zu tragen (Trageband) und ihre Stelle nur bei dem Stoßen zu verlassen hat, ist die ganze Haltung des Gewehres bestimmt. Die hintere Faust erfaßt das Gewehr am Kolbenhals, hat aber keine bestimmte Stelle, wird vielmehr festgestellt, einerseits durch den gewinkelten Oberschenkel des hinteren Beines, an den sich die Kolbe leicht anlegt, andererseits durch die Höhe der Bajonettspitze, welche durch Heben oder Senken der hinteren Faust (nicht der vorderen) in die Höhe des Auges des Gegners gebracht wird. Ein Abweichen von diesen Regeln bringt meistentheils das Gewehr, welches möglichst weit vorgeschoben sein soll, dem Körper näher, wodurch die Deckungen weitläufiger werden, außerdem wird durch dergleichen Abweichungen die vordere Hand leicht zu weit nach innen gebracht, wodurch die äußere Blöße der Stellung, und zwar die gefährlichste, vergrößert wird.

(Blöße nennt man den Raum des Oberkörpers, welcher sich zu beiden Seiten des Gewehres einem direkten Stoße darbietet.)

Die in den §§. 21., 22. und 23. aufgeführten Bewegungen werden mit Gewehr geübt.

Beim Stellungswechsel ist darauf zu sehen, daß die Bajonettspitzen nicht gehoben werden.

§. 26.
Stöße.

Stoß innen, Stoß außen.

Ziel des Stoßes ist hauptsächlich die Brust, und zwar in der Schule nur die Mitte der Brust.

Die Stöße werden zunächst in zwei Tempo's geübt, die jedoch allmälig in einander verschmelzen, so daß das erste Tempo, d. h. das leichte und schnelle Emporziehen des Gewehrs bis zur Brustwarze in wagerechter Richtung nach der Mitte der feindlichen Brust, nur als eine Vorbereitung zum zweiten, d. h. dem Vorstoßen in dieser Richtung mit aller Armkraft, erscheinen darf.

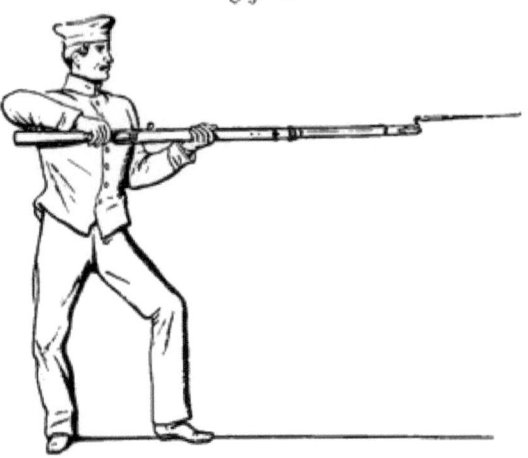

Der Stoß außen unterscheidet sich von dem innen nur durch die Drehung der hinteren Faust im ersten Tempo, durch welche die Knöchel nach oben zu liegen kommen und die Bajonettspitze einen engen Kreis um das feindliche Gewehr nach der äußeren Seite hin beschreibt.

Das zweite Tempo geht in gleicher Höhe und Richtung, wie Stoß innen, vorwärts.

Nur die Arme sind hierbei thätig, der ganze übrige Körper bleibt in seiner Haltung.

§. 27.

Stöße mit Tritt vorwärts und mit Ausfall.

Erst wenn die Stöße richtig ausgeführt werden, sind dieselben mit Tritt vorwärts und mit Ausfall zu üben.

Im Anfange muß in der Stoßlage verharrt werden, um etwa nothwendige Korrekturen vornehmen zu können.

Der Lehrer läßt, nachdem die Stöße richtig ohne Gegner eingeübt worden, dieselben gegen seine Person ausführen. Er weicht anfangs denselben durch Rückwärtsbewegungen aus, läßt sich dann öfters, um den Schüler genauer zu kontroliren, von demselben leicht berühren, parirt endlich.

§. 28.
Die Paraden.

Die Einübung derselben kann gleichzeitig mit den Stößen betrieben werden, sobald man hierbei schon die dreijährigen Leute als Lehrgehülfen verwendet, während der Unteroffizier die Leute auf sich stoßen läßt.

Die Paraden werden anfangs nur stehenden Fußes gemacht. Die Paradeseite der Waffe ist die Endladestocksseite.

Die Parade innen (gegen den Stoß nach der innern Blöße) besteht in einer einfachen Drehung des Gewehrs durch die hintere Faust in der vorderen nach außen, so daß die Knöchel derselben nach oben gekehrt sind, die Kolbe fest am Schenkel. Die Endladestocksseite wird also dem feindlichen Gewehr zugekehrt und dieses durch einen kurzen Druck zur Seite abgewiesen, indem die vordere Faust ihre Stelle nicht verläßt.

Fig. 31.

Die Parade außen (gegen den Stoß nach der äußeren Blöße) wird am besten in zwei Tempo's geübt. Im ersten Tempo beschreibt die hintere Faust bei feststehender vorderer einen Kreisbogen nach oben, unter gleichzeitigem Heben des rechten Ellenbogens über Schulterhöhe, bis sie in gleiche Höhe mit der Achselgrube anlangt, einen Fuß etwa von derselben entfernt. Kräftiges Heranziehen an dieselbe im zweiten Tempo vollendet die Parade. Die hintere Faust nimmt gleichfalls schon im ersten Tempo die Lage mit den Knöcheln nach oben an. Durch den so beschriebenen Halbkreis der hinteren Faust beschreibt der vordere Theil des Gewehres einen analogen Halbkreis nach außen und unten und wirft das feindliche Gewehr, das auf dem Wege unter dem eigenen Gewehr hindurch nach der äußeren Blöße sich befand, nach unten und innen zurück.

Die Parade muß sich allmälig in ein Tempo zusammenziehen.

Die Parade außen aus Parade innen wird in gleicher Weise, wie eben beschrieben, gemacht.

Die Parade innen aus Parade außen erfolgt durch einen Kreisbogen der hinteren Faust nach unten und kräftiges Heranziehen an den Schenkel nach Analogie der Parade unten.

Zur Uebung im Treffen eines bestimmten Punktes empfiehlt sich das Stoßen auf einen Ball. Derselbe ist erst ruhig hängend, dann in der Bewegung dem Schüler als Zielpunkt zu geben.

Schule mit Gewehr und mit Gegner.

§. 29.

Paraden gegen wirklich ausgeführte Stöße.

Erst einzeln gegen den Lehrer, dann paarweise, zuerst ohne, dann mit Tritt vorwärts. Die Stöße müssen in der ersten Zeit langsam ausgeführt werden; auch ist darauf zu halten, daß der Schüler, unbekümmert um die vorwärtsgehende Waffe, seine Parade langsam macht, besonders aber nicht derselben mit der vorderen Faust nachzuhelfen sucht. Nur so wird er den Stoß sicher finden und sich hinter seiner Deckung sicher fühlen lernen. Zweckmäßig dürfte es sein, den Lehrer hierbei anstatt des Gewehrs mit einer leichten Stange mit gepolstertem Knopf zu versehen, die er auch in den nächst folgenden Lektionen bald als Lanze, bald in der Gewehrhaltung wird anwenden können.

§. 30.
Stöße aus den Paraden.

Der Lehrer läßt eine Parade nach §. 28. ausführen und den Schüler einen genannten Stoß anfangs ohne, dann mit Tritt vorwärts nachstoßen, welchen er wie in §. 27. regulirt, z. B.
1. Der Lehrer stößt innen, der Schüler deckt.
2. Der Schüler stößt aus der Parade Stoß innen, der Lehrer weicht aus oder läßt den Stoß sitzen, oder deckt auch.

oder:
1. Der Lehrer stößt innen, der Schüler deckt.
2. Der Schüler stößt aus der Parade Stoß außen, der Lehrer weicht aus 2c.

§. 31.
Paraden aus den Stößen.

Der Lehrer läßt einen bestimmten Stoß mit Tritt vorwärts stoßen, den er parirt, und stößt einen ebenfalls bestimmten Stoß nach, dessen richtige Deckung mit oder ohne Tritt rückwärts er überwacht, z. B.
1. Der Schüler stößt außen, der Lehrer deckt.
2. Der Lehrer stößt aus der Parade innen, der Schüler deckt.

oder:
1. Der Schüler stößt außen, der Lehrer deckt.
2. Der Lehrer stößt aus der Parade außen, der Schüler deckt.

Die Deckungen aus den Stößen werden fast dieselben Wege beschreiben, welche bei den Deckungen aus einer anderen Deckung beschrieben sind. In diesen beiden Lektionen ist allmälig der Begriff der Blöße zu entwickeln und das Auge des Schülers im Erkennen derselben zu üben, indem der Lehrer oder Vorfechter allmälig nicht mehr den zu stoßenden Stoß nennt, sondern nur die entsprechende Blöße, anfangs etwas groß, giebt.

Die Bewegungen werden anfangs zweckmäßig, wie die Zahlen in den Beispielen andeuten, nach Zählen geübt, um Zeit zu Korrekturen zu gewinnen.

Bei Lectionen, wo mehr als ein Stoß beider Fechter aufeinander folgen soll, gilt als Grundsatz, daß, wenn ein Stoß sitzt (den Körper berührt), der darauf folgende unterbleibt, weil sonst zu leicht Beschädigungen vorkommen können.

§. 32.
Drei abwechselnde Stöße.

Der dritte Stoß kann später stehenden Fußes geübt werden und wird dieser, der so rasch erfolgen muß, daß er den Gegner erreicht, ehe er Zeit gehabt hat, in seine normale Auslage zurückzukehren, erst recht eigentlich mit dem Namen Nachstoß bezeichnet. Sonst analog §. 30. und 31.

§. 33.
Die Finten und Paraden dagegen.

Die Finte ist das erste Tempo des Stoßes, welches den Gegner oft schon zu einer vollen Parade verleitet, welche natürlich auf der entgegengesetzten Seite eine große Blöße zur Folge hat. Diese sucht man im zweiten Tempo durch kurzes Umgehen der feindlichen Waffe und schnellen Stoß zu benutzen. Es kommt einerseits, wenn man nach Beobachtung des Gegners gefunden hat, daß er seine Parade zu früh macht, darauf an, die Finte dem ersten Tempo eines wirklichen Stoßes so täuschend als möglich ähnlich zu machen, anderseits darauf, seinen Irrthum so früh als möglich zu erkennen und die richtige Parade so schnell, als möglich, folgen zu lassen. Die möglichst kleinsten, flachsten Wege des eigenen Gewehrs sind hierbei Hauptsache.

Die Fintstöße werden als zweite Stöße in die Lection 32 eingeordnet.

B. Das Kontrafechten und besondere Bewegungsformen.

Das Kontrafechten.

Aus den bisherigen Stößen und Paraden muß sich jetzt allmählig ein freies Kontrafechten entwickeln. Auge und Hand, Willen und Ausführung müssen in innigen Einklang gebracht werden. Die Andeutungen des §. 31. werden im Allgemeinen genügen, jedoch möge hier noch eine genauere Spezifizirung des Unterrichtsganges folgen, welcher einzuhalten ist, um diesen Uebergang so nicht sprungartig werden zu lassen.

§. 34.

Paraden gegen ungenannte langsame Stöße des Lehrers oder Vorfechters.

§. 35.

Stöße des Schülers in eine vom Vorfechter gegebene Blöße und langsamer Nachstoß des Vorfechters, welchen Schüler parirt.

§. 36.

Langsamer Anstoß des Vorfechters, Deckung des Schülers und Nachstoß in die Blöße des Ersteren.

§. 37.

Die 35ste und 36ste Lektion werden der Art fortgeführt, daß die Blößen der Vorfechter kleiner, die Bewegungen derselben schneller, zu wirklichen Fechterbewegungen werden. Auf korrekte Bewegungen der Schüler muß strenge gehalten und von ihnen schnellerer Entschluß in Benutzung der Blößen gefordert werden.

§. 38.

Drei Stöße abwechselnd.

§. 39.

Die Finten und der Ausfall werden erlaubt.

§. 40.
Freies Kontrafechten.

Erst der Schüler gegen den Vorfechter unter den in den §§. 34—37. angegebenen Beschränkungen, dann auch der Schüler untereinander.

Zum freien Kontrafechten der Schüler untereinander sind Schutzmittel, bestehend aus Lederhandschuhen, Brust- und Unterleibschützen, so wie Gesichtsmasken anzulegen. Dem Vorfechter ist bei guter Ausbildung allenfalls unter Verantwortlichkeit des leitenden Offiziers zu gestatten, ohne Brust- und Gesichtsmasken gegen den Schüler zu fechten, um demselben das nöthige Uebergewicht noch längere Zeit zu verleihen, durch welches allein der Schüler von ihm noch etwas lernen kann. Zu berücksichtigen bleibt aber immer, daß dieses Uebergewicht mit der Zeit fortfallen muß, mit ihm also auch die beregte Erlaubniß. Als Hauptschutzmittel gegen Unglücksfälle hat jedoch eine gewisse diskretionäre Gewalt der Stöße zu dienen, welche man vom Augenblick an, wo er auf den Lehrer stößt, dem Schüler anzueignen sucht, indem man von ihm verlangt, daß er seine Stöße derart beherrscht, daß sie, wenn sie keine Deckung finden, nur eben fühlbar dem Gegner ausgesetzt werden. Nie dürfen mehrere Paare unter einem Lehrer gleichzeitig fechten. Derselbe muß jederzeit, Gewehr oder Lanze in der Hand, beaufsichtigend und korrigirend daneben stehen, um durch Zuruf oder andere Mittel das Fechten zu unterbrechen, wenn einmal die Regel des §. 31. unbeachtet bleiben sollte,

> „daß bei einem jeden sitzenden Stoße eine Pause eintritt."

Am besten ist dieselbe durch Gewehr ab, oder auch Senken der Bajonettspitze bis zur Erde Seitens des Getroffenen zu markiren. Sein Gegner behält Stellung, um sich für alle Fälle zu sichern.

Verhalten im Handgemenge, gegen Kavalleristen ꝛc.

Beim Kontrafechten wird sich bald das Bedürfniß nach Gefechts-Formen für den Ernst und für die verschiedenen Verhältnisse herausstellen, in welchen der Infanterist im Kriege von seinem Bajonett Gebrauch machen kann.

Zu diesem Zwecke dienen noch die folgenden Uebungen.

§. 41.

1. Der Doppelschritt ist mit Stößen und Paraden zweckmäßig zu verbinden.
2. Will man dem Feinde energischer auf den Leib rücken, so empfiehlt sich hierzu das Gewehr kürzer zu fassen, bei welcher Uebung auch den Soldaten der Gedanke an das wirkliche Handgemenge nahe geführt wird.

Fig. 32.

Die Ausführung des „Kurzfassens des Gewehrs" ist folgende:

Beide Arme und Hände behalten ihre Stellung im Verhältniß zum übrigen Körper, ändern nur ihre Funktionen dadurch, daß das Gewehr von der hinteren Hand am Unterring erfaßt wird (Tragehand), die vordere also zwischen Ober- und Mittelring zu liegen kommt. Die Stöße sind analog den bisherigen. Die Paraden werden durch Seitswärtsführen der vorderen Faust nach außen (resp. innen) bewirkt, die bisherige Parade außen wird gegen tiefe Stöße ebenfalls angewendet. Parirt wird mit dem Bajonett.

3. Außerdem ist es nothwendig, auch den Stoß, nicht Schlag, mit der Kolbe zu lehren, was hauptsächlich im engen Handgemenge zweckmäßig Anwendung finden kann.

Der Kolbenstoß wird sowohl mit dem normalmäßigen als mit dem kurz gefaßten Gewehre und auch in Verbindung mit dem Stellungswechsel vorwärts und rückwärts ausgeführt.

Es wird genügen, die Uebungen 1—3 durch die Vorfechter im Kontrafechten bei passender Gelegenheit ausführen und die Leute lehren zu lassen. Ihre gelegentliche Anwendung wird sich dann von selbst ergeben und, wenn schlecht ausgeführt, durch den Gegenstoß des Vorfechters bestraft werden.

§. 42.

Verhalten gegen den Kavalleristen.

Die Auslage gegen den Kavalleristen muß sich ändern, weil derselbe sich höher als der Infanterist befindet. Die Bajonettspitze wird entsprechend gehoben und kann, da das wirkliche Gefecht immer nur in kurzen Absätzen stattfinden wird, ohne Gefahr vor Ermüdung der vordere Ellenbogen seine Stelle an der Hüfte verlassen, um das Gewehr nicht zu steil werden zu lassen.

Die Stöße können aus gleichem Grunde als Gleitstöße durch die vordere Faust bis zum Abzugsbügel gestoßen werden. Die Paraden gegen die Lanze sind ganz analog denen gegen das Bajonettgewehr.

Gegen den Säbel sind als Elementarparaden, zwischen denen die anderen liegen, zu üben:
 Die Parade hoch innen,
  die Parade hoch außen,
  die Parade über dem Kopfe.

Die Parade hoch innen ist dieselbe, wie in der Schule gegen Infanterie, nur daß die vordere Faust dieselbe durch Seitwärtsführen verstärken muß.

Die Parade hoch außen führt das Gewehr unter Drehung der vorderen Faust vorwärts, soviel als nöthig nach der äußeren Seite des Körpers bis zur Streckung des vorderen Arms.

Die Parade über dem Kopfe stößt das Gewehr in paralleler Lage mit der Auslage nach oben, bis die vordere Faust höher als der Kopf zu liegen kommt. Die Endladestocksseite ist der feindlichen Waffe nach oben entgegengekehrt. Bei sämmtlichen Paraden werden die Finger an der Laufseite dem feindlichen Hiebe entzogen.

Das wichtigste Vertheidigungsmittel des Infanteristen gegenüber dem Kavalleristen beruht jedoch auf der Schnelligkeit, womit er bei Ausführung von Vor-, Rück- und Seitwärts-Bewegungen sich den Bewegungen des Pferdes zu entziehen, und dem Reiter seine schwache Seite abzugewinnen weiß, bevor er von seiner Waffe Gebrauch macht. Dies ist deshalb auch als Hauptaugenmerk dem Infanteristen einzuprägen, nachdem derselbe die oben erklärten Paraden und einen sichern Nachstoß gelernt hat. Als Hülfsmittel bei diesen Uebungen kann ein längerer Tisch (einfache Platte auf beweglichen Untersätzen) benutzt werden, auf der der Vorfechter in heftiger Bewegung den Soldaten angreift, worauf Ausweichen, Parade- und

Nachstoß zu folgen hat. Ferner ist es zweckmäßig, einen kreisförmigen Aufwurf in Voltenweite zu benutzen, um auch die Angriffsweise des geübten Kavalleristen, in der Volte, dem Bajonettfechter zu zeigen.

Als schwache Seite der Kavalleristen gilt gegen den Säbel die linke, gegen die Lanze die rechte.

Anhang.
Beschreibung der Gerüste ꝛc.
A. Für die Rüstübungen.
1. Der Querbaum.

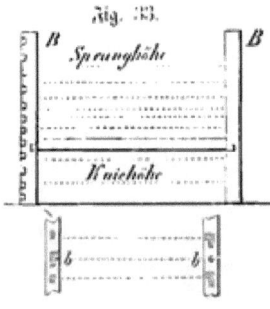

Fig. 33.

Der Querbaum besteht aus einem Holzstück, 10—12′ oder noch etwas länger, aus zäher fester Holzart, glatt gehobelt, welches im Quer-Durchschnitt $3\frac{1}{2}$—$4''$ hoch und $2\frac{1}{2}''$ dick ist. Die obere Fläche ist abgerundet, die untere etwas flacher ebenfalls, entsprechend dem Bogen eines 8zölligen Kreises im Durchmesser. (Letztere zum Balancirgang.) An jedem Ende ist ein 2—$2\frac{1}{2}''$ langer und eben so hoher Zapfen angeschnitten. Dieser Querbaum wird zwischen zwei, mit Zapfenlöchern versehenen starken Ständern B. B. angebracht von 8—9′ Höhe über dem Erdboden. Die korrespondirenden Zapfenlöcher sind abwechselnd so eingerichtet, wie es sich in bb. zeigt. Die Zapfenlöcher werden in solcher Höhe angebracht, daß der Baum sich auf Knie-, Spalt-, Brust-, Schulter-, Augen- und Scheitelhöhe, so wie in Reich- und Sprungreichhöhe einlegen läßt.

2. Der Sprungkasten.

Fig. 34.

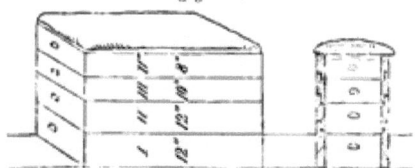

Ein fest jedoch nicht zu schwerfällig gebauter Bretterkasten, ohne Boden, 4½—5′ lang, 21″ breit, im Ganzen 3′ 6″ hoch, aus vier Sätzen zusammengesetzt, welche sich leicht ausheben lassen, aber nicht verschieben dürfen, wenn sie aufeinander gesetzt sind; sie werden daher eingefugt. Nur der oberste Satz erhält eine Bretterdecke, die mit einer Polsterung nebst Ueberzug von Leder oder Drillich versehen ist. An den kurzen Wänden der Sätze befinden sich handbreite Ausschnitte zum Einfassen mit den Händen, wenn der Kasten fortgetragen oder die oberen Sätze abgehoben werden sollen.

3. Das Paartau.

Zwei mit 20″ Entfernung aufgehängte 1½ Zoll dicke, 16′ lange Taue, mit einer Oese und Leder oder Eisenring zum Aufhängen an einer Seite; die andere ist mit einer 8″ langen Lederhülle umgeben.

4. Die Kletterstange.

2 Zoll stark, 16 Fuß lang, unten in einem Holzschuhe fest, oben beweglich angebracht, um ihr Spielraum zu lassen.

5. Der Sprossenständer.

In einem Ständer des Gerüstes, welches zum Aufbringen des Paartaues und der Kletterstange dient, sind 8″ auseinander starke Quersprossen eingefalzt und außerdem mit zwei Schrauben befestigt.

6. Das Sprunggestell.

Fig. 35.

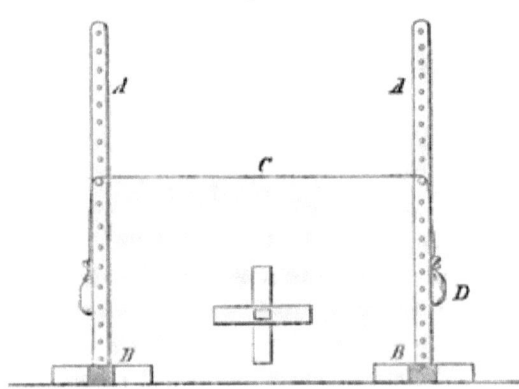

Zwei, etwa 6′ hohe Ständer, 2½″ breit, 2″ dick, auf einem Kreuzfuß feststehend, oder in die Erde eingegraben. Von 2 zu 2″ Löcher von ½″ Durchmesser, 6″ lange Pflöcke zum Durchstecken und Tragen einer 8—10′ langen, ¼ Zoll dicken Schnur, an deren Enden ein Paar mit Sand gefüllte Säcke angebunden sind, um die Schnur fest zu ziehen.

Für den Uebungsplatz eines Bataillons sind ausreichend:

Zwei Querbäume	7 Thlr.
Ein Sprungkasten	2 ″
Ein Klettergerüst mit Paartau, Stange und Sprossenständen	30 ″
Ein Sprunggestell. — Ein Sprunggraben	1 ″
Summa	40 Thlr.

Klettergerüste.

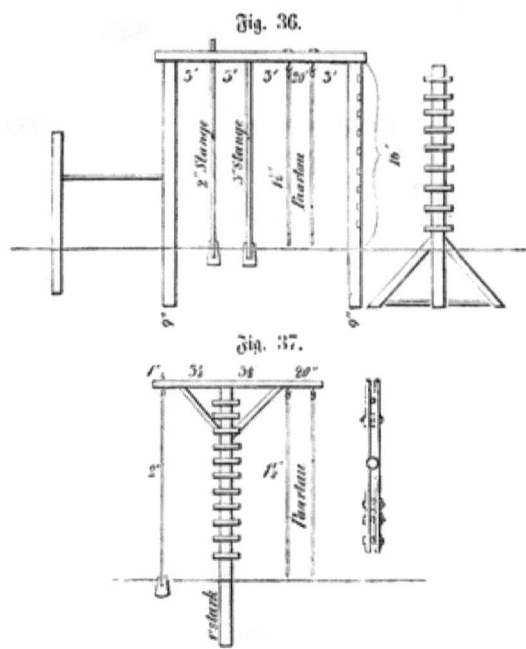

Fig. 36.

Fig. 37.

B. Schutzmittel ꝛc. beim Bajonettfechten.

1. Drahtmasken von starkem Eisendraht zum Schutze des Gesichtes mit zölligen Maschen; entweder an alten Helmköpfen, oder mit zwei Kreuzriemen, einer über, einer um den Kopf befestigt.
2. Brustschützen und Unterleibsschützen. Von Drillich mit starker Polsterung; sie reichen etwas tiefer als der Spalt herab und sind nach unten zu etwas schwächer zu machen, um die Bewegung der Beine nicht zu hindern.
3. Starke Leder-Fausthandschuhe für beide Hände.
4. Knöpfe auf den Bajonettirgewehren mit Lederpolster. Ein kleines an das Bajonett angeschmiedetes Stück Eisen von 1″ Durchmesser. Das Lederpolster 2″ stark im Durchmesser.

Bedarf einer Kompagnie resp. eines Bataillons:

50 Gewehre mit Eisenknöpfen	3 Thlr. 15 Sgr.
10 davon mit Lederpolster	— „ 15 „
6 Gesichtsmasken	8 „ — „
6 Brustschützen	12 „ — „
5 Paar Leder-Handschuhe	2 „ 15 „
Summa	26 Thlr. 15 Sgr.
für eine Kompagnie, also	106 Thlr.
für ein Bataillon, dazu	40 „
für Gerüste ꝛc. erfordert	146 Thlr.

für ein Bataillon.

Berlin, den 19. Oktober 1860.

Der Kriegs-Minister.

von Roon.

Berlin, gedruckt in der Königlichen Geheimen Ober-Hofbuchdruckerei
(R. Decker).

Verzeichniß Militairischer Schriften,

welche **nicht** durch den Buchhandel, sondern **nur direct** auf schriftliche Bestellung

von der

Königlichen Geheimen Ober-Hofbuchdruckerei
(Rudolph Decker)

Berlin, Wilhelmstraße Nr. 75. zu beziehen sind.

Dezember 1860.

Entwürfe zum Exerzir-Reglement für die Artillerie
der Königlich Preußischen Armee.

Abschnitt I. Ausbildung der einzelnen Fuß-Artilleristen. 1850.   5 Sgr.

Abschnitt II. Ausbildung zur Bedienung der Feld-Geschütze. 1858.   5 Sgr.

Abschnitt III. Ausbildung zur Bedienung der Festungs- und Belagerungs-Geschütze. 1849. 5 Sgr.

Abschnitt IV. Ausbildung des Artilleristen zur Bewegung und Bedienung eines einzelnen bespannten Geschützes und **zweier** in einem Zuge vereinigten Geschütze. 1856. **Neu** bearbeitet. $3\frac{1}{2}$ Sgr.

Abschnitt V. Aufstellung und Bewegung einer Fuß- und reitenden Batterie. 1850.   5 Sgr.

Abschnitt VI. Aufstellung und Bewegung mehrerer Batterien. 1850. $2\frac{1}{2}$ Sgr.

Werke, welche **nur direct auf** schriftliche Bestellung zu beziehen sind.

Schuß- und Wurftafeln für Preußische Feld-, Festungs-, Belagerungs- und Küsten-Geschütze. 1859.
15 Sgr. 8 Exemplare für 3 Rthlr.

Schuß- und Wurftafeln für die Preuß. Feld-Geschütze von 1842. 1859. 1½ Sgr.
8 Exemplare für 10 Sgr.

Marschordnung einer mobilen Fuß- oder reitenden **Batterie und** der Kolonnen. 1850. **2 Sgr.**

Versuchsweise reglementarische Instruktion in Betreff des Ab- und Aufprotzens, des Gebrauchs **der Kette,** des Verhaltens der Fuß-Artillerie bei aufgesessener Mannschaft und einiger abgeänderter Verrichtungen einzelner Nummern bei der Bedienung **des neuen** Feld-Artillerie-Materials. **1850.** 9 Pf.

Vorschriften für die Zusammensetzung u. Einübung der Bespannungen bei der Königl. Preuß. Artillerie. 1851.
4 **Sgr.**

Vorschrift für die Benutzung der Munitionswagen zum Transport der Bedienungs-Mannschaften **einer** leichten Fuß-Batterie bei dem neuen Feld-Material. Zur versuchsweisen Ausführung. Nebst 4 Blatt Zeichnungen. 1850. 2 Sgr.

Vorschrift zur Paradeaufstellung und für **den** Vorbeimarsch **der** mobilen Batterien mit allen ihren Wagen. 1855. 6 Pf.

Vorschrift zur Anfertigung und Anwendung I. der Zünder für Feld-Granaten nach der Vorschrift A., II. der Zünder für Bomben-Kanonen und schwere Haubitzen **nach der** Vorschrift B. Hierzu 3 Blätter Zeichnungen. **1855.** geh. 5 Sgr.

Vorschrift zum Einüben **der** Hiebe bei **der** reitenden Artillerie und den fahrenden Artilleristen der Fuß-Artillerie, so wie **des** Gebrauches des Pistols. Auf Grund der Bestimmung der Königl. General-Inspektion der Artillerie vom 18. Februar 1856 gedruckt **zum** Gebrauch für die Regimenter der 2. Artillerie-**Inspek-**

Werke, welche nur direct auf schriftliche Bestellung zu beziehen sind.

tion. **Vorschrift** zur Ausführung derjenigen Bewegungen, welche die **ohne** Geschütz formirten **reitenden** Batterien **ausüben** sollen. 1858. cart.
zusammen 5 Sgr.

Instruktion üb. das Scheibenschießen der mit Zündnadel-Gewehren bewaffneten Infanterie-Bataillone. 1857. geh. 7½ Sgr.

Schießbücher hierzu: I. Klasse 6 Pf. II. Klasse 8 Pf. III. Klasse 10 Pf.
Für Offiziere und Unteroffiziere 8 Pf.

Leitfaden zum Unterricht in der Kenntniß, Behandlung und dem Gebrauche des gezogenen Infanterie-Gewehres m/39. Hierzu 1 Blatt Zeichnungen. 1856. 12½ Sgr.
Anhang. Das gezogene Pionier-Gewehr. 1857. 1 Sgr.

Instruktion für die Ausführung des Waffen-Reparatur-Geschäftes bei den mit gezogenen Infanterie-Gewehren m/39 bewaffneten Bataillonen. 1856. 5 Sgr.

Instruktion über das Scheibenschießen der mit gezogenen Infanterie-Gewehren bewaffneten Infanterie-Bataillone. 1857. 4 Sgr.

Schießbuch hierzu: 8 Pf.

Gymnastische Uebungen als Vorübung zum Scheibenschießen. Mit 13 in den Text gedruckten Abbild. 1856. 5 Sgr.

Entwurf zum Ersten Abschnitt des Exerzir-Reglements für die Königlich Preußische Marine. 1856. 10 Sgr.

Entwurf zum Königl. Preuß. Pontonir-Exerzir- und Dienst-Reglement. Mit 5 Kupfertafeln. 1852. cart. 10 Sgr.

Entwurf zum Königlich Preußischen Sappeur-Exerzir- und Dienst-Reglement. Abschnitt I. Kapitel 1 bis 7 nebst Anhang. Mit 13 Kupfertafeln. 1855. cart. 10 Sgr.

Werke, welche nur direct auf schriftliche Bestellung zu beziehen sind.

Aerztliche Instruktion in Betreff des Unterrichts der Mannschaften der Krankenträger-Kompagnien. Vom 26. September 1860. 8. geh. 4 Sgr.

Anleitung zur schleunigen Zerstörung von Eisenbahnstrecken im Kriege für diejenigen Fälle, in welchen der Bahnbetrieb aus militairischen Rücksichten auf längere oder kürzere Zeit unterbrochen werden muß, so wie zur Wiederherstellung zerstörter Eisenbahnstrecken. 1859. gr. 8. 2½ Sgr.

Bestimmungen zur Regelung der Verhältnisse der exekutiven Polizei bei ihrem Einschreiten gegen Offiziere, Unteroffiziere und Gemeine der Armee. 1856. 3 Sgr.

Bestimmungen für den Transport der **Infanterie auf** Eisenbahnen. 1859. 2½ Sgr.

Bestimmungen für den Transport der Kavallerie auf Eisenbahnen. 1859. 2½ Sgr.

Bestimmungen für den Transport der Artillerie auf Eisenbahnen. Nebst 10 Tafeln Abbild. 1859. 5 Sgr.

Bestimmungen für den Transport der Pioniere und der zu denselben gehörenden Fahrzeuge und Colonnen auf Eisenbahnen. 1859. 2½ Sgr.

Vorschriften über den Dienst der Krankenpflege im Felde bei der Königlich Preußischen Armee. 1855. 1 Thlr.

Entwurf zum Unterricht über die Konstruktion des gezogenen Feldgeschützes und seine Behandlung. 1860. 4 Sgr.

Entwurf zum Exerzir-Reglement für das gezogene Feld-Geschütz. 1860. 3 Sgr.

Bedienung des gezogenen Feldgeschützes beim Laden mit Manöver-Kartuschen. (Zusatz zum Exerzir-Reglement.) 20. Juni 1860. 6 Pf.

Entwurf I. zur Vorschrift für die Reinigung des gezogenen Feld-Geschützrohrs, sowie dessen Behandlung

Werke, welche nur direct auf schriftliche Bestellung zu beziehen sind.

zur Verhütung des **Rostens**, II. zur Vorschrift über das Entbleien gezogener Geschützröhre, III. zur Vorschrift für die Verpackung der Munition der gezogenen Feldgeschütze, IV. zur Vorschrift **für das Aus- und Einlegen** des gezogenen Feld-Geschützrohrs, so wie zum Unterbinden desselben unter die Protze. **1860.**
3 Sgr.

Entwurf zum Reglement für die Bedienung der gezogenen eisernen **Festungs-** und Belagerungs-Geschütze. August 1860. 3 Sgr.

Vorläufige Schußtafel für den gezogenen Gußstahl 6 Uder mit 1,2 U. Ladung. **Februar 1860. 1 Sgr.**

Auszug aus einem Schreiben des verewigten Generals der Infanterie **Herzogs Karl zu Mecklenburg** Hoheit. 1860. gr. 8. geh. 2½ Sgr.

Bentheim, F. von, Oberst und Kommandeur des 2. Garde-Regiments zu Fuß. Die Erziehung und Ausbildung des Soldaten geschrieben für die Offiziere des 2. Garde-Regiments zu Fuß. Als Manuscript gedruckt. 1860. 8. geh. 5 Sgr.

Kraft, Prinz zu Hohenlohe-Ingelfingen, Major und Flügel-Adjutant Sr. Majestät des Königs. Das gezogene Geschütz. Zur ausschließlichen Mittheilung an Offiziere der Preußischen Artillerie als Manuscript gedruckt. 1860. gr. 8. geh. 15 Sgr.

Amtliche Militairische Werke.

Im Verlage der Königlichen Geheimen Ober-Hofbuchdruckerei (R. Decker) in Berlin, Wilhelmsstraße 75, sind ferner erschienen und von derselben so wie durch alle Buchhandlungen zu beziehen:

Albrecht, M. F., Navigations-Schul-Director, und **Vierow,** C. S., Navigations-Lehrer. Lehrbuch der Navigation und ihrer mathematischen Hülfs-Wissenschaften. Für die Königlich Preussischen Navigations-Schulen bearbeitet. Herausgegeben im Auftrage des Königlichen Ministeriums für Handel, Gewerbe und öffentliche Arbeiten. Zweite Auflage. 1857. gr. 8. Mit 182 in den Text eingedruckten Figuren und 2 Sternkarten. geh. 3 Thlr. 15 Sgr. In Kattun dauerhaft gebunden 3 Thlr. 25 Sgr.

Articles de guerre pour l'armée prussienne. Édition officielle. 1854. 8. geh. 3 Sgr.

Auszug aus dem Leitfaden zum Unterricht in der Kenntniß, Behandlung und dem Gebrauche des gezogenen Infanterie-Gewehres m|39. Zur Instruktion für Unteroffiziere und Soldaten. 1856. 8. 2½ Sgr.

Bestimmungen für die in Folge der Verordnung vom 4. Febr. 1844 auszuführende Umgestaltung der Divisionsschulen. 1846. 3 Sgr.

Bestimmungen über die Organisation und den Geschäftsgang der Militair-Examinations-Kommission für die Eintritts und Offizier-Prüfungen, so wie über die Anforderungen, welche künftig im Offizier-Examen an die zu Prüfenden zu machen sind. 1846. 7½ Sgr.

Bestimmungen, betreffend das Heirathen der Militair-Personen der Preußischen Armee. Nach amtlichen Quellen zusammengestellt. (Von Fleck, General-Auditeur.) 1852. 8. geh. 2½ Sgr.

Bestimmungen in Betreff der Aufnahme von Knaben in das Königl. Kadetten-Korps. Vom 18. Dezember 1856. 1857. 8. geh. 2½ Sgr.

Bestimmungen über das formelle Verfahren hinsichtlich der für die Studirenden der evangelischen und katholischen Theologie, resp. für die katholischen Priester-Amts-Kandidaten, in Bezug auf die Ableistung ihrer Militairdienstpflicht zur Zeit bestehenden Vergünstigungen. Vom 9. Dezember 1858. 1859. 8. ½ Sgr.

Bestimmungen über die Organisation der Kriegs-Schulen. Vom 21. Juli 1859. gr. 8. geh. 2½ Sgr.

Dienst-Ordnung für die Militair-Magazin-Verwaltungen. 1855. Nebst Zusammenstellung der Veränderungen. 1858. 8. 12½ Sgr.

Dienst-Ordnung für die Feld-Proviant-Aemter. 1859. 8. 15 Sgr.

Werke, welche durch alle Buchhandlungen zu beziehen sind.

Dienst-Ordnung für die Königlichen Kriegsschulen. Vom 18. September 1859. gr. 8. geh. 5 Sgr.

Domke, F., Navigations-Lehrer. Nautische, astronomische und logarithmische Tafeln, nebst Erklärung und Gebrauchs-Anweisung, für die Königlich Preussischen Navigations-Schulen bearbeitet. Herausgegeben im Auftrage des Königlichen Ministeriums für Handel, Gewerbe und öffentliche Arbeiten. 1855. Zweite Auflage. gr. 8. geh. 2 Thlr.
In Kattun dauerhaft gebunden 2 Thlr. 10 Sgr.
Die Zusätze und Berichtigungen zu Tafel LIII. sind bis 1858 einschliesslich bereits erschienen.

Exerzir-Reglement für die Artillerie der Königlich Preußischen Armee. 1812. 8. Nebst Kupfern und Noten. geh. 1½ Thlr.

Exerzir-Reglement für die Infanterie der Königlich Preußischen Armee. 1847. 8. Nebst Kupfern und Noten. geh. 20 Sgr.
Besonderer Abdruck des abgeänderten Zweiten Kapitels hierzu. 1858. 8. geh. 1½ Sgr.

Exerzir-Reglement für die Kavallerie der Königlich Preußischen Armee nebst Anhang. 1812. 8. Nebst Kupfern und Noten. 1½ Thlr.
(Anhang hierzu einzeln 2½ Sgr.)

Exerzir-Reglement für die Kavallerie der Königlich Preußischen Armee. 1855. 8. Nebst 4 Plänen. geh. 1½ Thlr.
(Kommando-Tabelle hierzu siehe unten.)

Gesetz wegen der Kriegs-Leistungen und deren Vergütung. Vom 11. Mai 1851. Nebst der von den Königl. Ministerien des Innern, der Finanzen und des Krieges dazu erlassenen Ausführungs-Instruktion vom 8. Januar 1854. Amtl. Ausg. 1854. gr. 8. geh. 2½ Sgr.

Instruktion über die Behandlung und Ausbildung der einjährigen Freiwilligen. 1843. gr. 8. geh. 1½ Sgr.

Instruktion über die Festsetzung und den Ersatz der bei Militair-Kassen, Militair-Magazinen und andern Militair-Verwaltungen vorkommenden Defekte. Amtliche Ausgabe. 1844. gr. 8. geh. 3 Sgr.

Instruktion über das Scheibenschießen der Infanterie. 1845. 2½ Sgr.

Instruktion über Familien-Zahlungen der mobilen Truppen. 1848. gr. 8. geh. 2½ Sgr.

Instruktion wegen Anlegung und Feststellung der monatlichen Geld-Verpflegungs-Liquidationen mobiler Truppen und Administrations-Behörden. 1850. gr. 8. geh. 5 Sgr.

Instruktion für die Wachen in Hinsicht der von ihnen vorzunehmenden Verhaftungen. 1850. gr. 8. geh. 2½ Sgr.

Instruktion über die praktische Behandlung und den dienstlichen Gebrauch der perkussionirten Kavallerie-Schußwaffen. 1850. 8. 2½ Sgr.

Instruktion über den Waffengebrauch des Militairs und über die Mitwirkung desselben zur Unterdrückung innerer Unruhen. 1851. 1½ Sgr.

Instruktion für die Ausführung des Waffen-Reparatur-Geschäftes bei der Artillerie. 1854. gr. 8. 5 Sgr.

Instruktion für das Geschäft der Musterungen bei den Truppen im Frieden. gr. 8. geh. 2½ Sgr.

Werke, welche durch alle Buchhandlungen zu beziehen sind.

Instruktion für Militair-Aerzte zur Untersuchung und Beurtheilung der Dienstbrauchbarkeit oder Unbrauchbarkeit Militairpflichtiger, Rekruten resp. Soldaten, so wie zur Beurtheilung der Invalidität im Dienst befindlicher oder entlassener versorgungsberechtigter Soldaten. Vom 9. Dezember 1858. 1859. 8. geh. 2½ Sgr.

Kommando-Tabelle aus dem Exerzir-Reglement für die Kavallerie der Königlich Preußischen Armee. 1855. 8. geh. 15 Sgr.

Kraatz, Rechnungs-Rath. Topographisch-statistisches Handbuch des Preußischen Staats, enthaltend die sämmtlichen Städte, Flecken, Dörfer und sonstigen Ortschaften in alphabetischer Ordnung, mit Angabe des Gerichts erster Instanz, des Schwurgerichts, des Obergerichts-Departements, des landräthlichen Kreises, des Regierungs-Bezirks und der Einwohnerzahl. Herausgegeben unter Benutzung der Akten des Königlichen Justiz-Ministeriums. 1856. 4. geh. 3 Thlr.

Kriegs-Artikel für das Preußische Heer. Vom 9. Dezember 1852. Amtliche Ausgabe. gr. 8. geh. 1½ Sgr.

Kriegs-Katechismus für die Landwehr. Breslau. 1813. 8. 5 Sgr.

Leitfaden zum Bajonettiren (Potsdam). geh. 2½ Sgr.

Militair-Ersatz-Instruktion für die Preußischen Staaten. Vom 9. Dezember 1858. 1859. 8. geh. Netto-Preis 4 Sgr.

Dieselbe deutsch und polnisch. 4. geh. 7½ Sgr.

Militair-Wittwen-Kasse. 1843. gr. 8. geh. 5 Sgr.

Reglement über das Kassen-Wesen bei den Truppen. 1841. 8. 15 Sgr.

Reglement für die Friedens-Lazarethe der Königl. Preuß. Armee. Vom 5. Juli 1852. Mit Nachtrag von 1858. gr. 8. geh. 15 Sgr.

Reglement, die zur Kriegsausrüstung der Offiziere und Beamten gehörigen Pferde und die Beutepferde betreffend. 1853. gr. 8. 1 Sgr.

Reglement über die Bekleidung der Truppen im Frieden. Nebst zwei Anhängen, enthaltend: die Instruktion über den Ersatz an Bekleidung und Ausrüstung bei der mobilen Armee, — und die Bestimmungen über die Organisation der Handwerksstätten für die Bekleidung und Ausrüstung der Armee während des Krieges. 1855. Mit Nachtrag von 1858. gr. 8. geh. 22½ Sgr.

Reglement für die Beförderung von Truppen, Militair-Effecten und sonstigen Armee-Bedürfnissen auf den Staats-Eisenbahnen. Vom 31. Dezember 1856. Nebst Ministerial-Erlaß vom 19. April 1860. 8. geh. 2 Sgr.

Reglement über die Natural-Verpflegung der Truppen im Frieden. 1858. gr. 8. geh. 7½ Sgr.

Reglement über die Servis-Kompetenz der Truppen im Frieden. Vom 4. November 1859. gr. 8. geh. 5 Sgr.

Reisekosten-Regulativ für die Königlich Preußischen Staatsbeamten und für die Armee, nach den Allerhöchsten Bestimmungen vom 10. Juni und 28. Dezember 1848, und 29. Juni 1850. 8. geh. 2½ Sgr.

Werke, welche durch alle Buchhandlungen zu beziehen sind.

Servis-Tarif für sämmtliche Garnison-Orte der Königlich Preußischen Armee. Vom 30. Juni 1852. gr. 8. geh. 10 Sgr.

Skizzen, genetische, für den Unterricht auf den Königlichen Kriegsschulen nach der Vorschrift vom 20. Mai 1859 über die Methode, den Umfang und die Eintheilung des Unterrichts auf diesen Lehranstalten.

1. **Taktik.** 1860. 8. geh. 3 Sgr.
2. A. **Terrainlehre.** B. **Terraindarstellung.** C. **Militairisches Aufnehmen.** 1860. 8. geh. 3 Sgr.
3. **Dienstkenntniß.** 1860. 8. geh. 3 Sgr.
4. **Fortification.** 1860. 8. geh. 6 Sgr.

Strafgesetzbuch für das Preußische Heer. Amtliche Ausgabe. 1845. gr. 8. geh. 20 Sgr.

Ueber Führung und Gebrauch der Feld-Artillerie. 1851. gr. 8. geh. 5 Sgr.

Bemerkungen zur Schrift: Ueber Führung und Gebrauch der Feld-Artillerie. 1851. gr. 8. geh. 10 Sgr.

Verordnung über I. die Ergänzung der Offiziere des stehenden Heeres im Frieden und die militairische Ausbildung der Offizier-Aspiranten, und II. die Organisation des Cadetten-Corps. 1844. gr. 8. geh. 3 Sgr.

Verordnungen, Allerhöchste, über I. die Ehrengerichte und II. über das Verfahren bei Untersuchungen der zwischen Offizieren vorfallenden Streitigkeiten und Beleidigungen, sowie über die Bestrafungen des Zweikampfs unter Offizieren. 1845. gr. 8. geh. 4 Sgr.

Verordnung über die Disziplinar-Bestrafung in der Armee. Vom 21. Oktober 1844. 1845. gr. 8. geh. 3 Sgr.

Verordnung über die in Stelle der Vermögens-Konfiskation gegen Deserteure und ausgetretene Militairpflichtige zu verhängende Geldbuße vom 4. Januar 1849. gr. 8. 1 Sgr.

Verordnung über die Behandlung der militairpflichtigen Civil-Beamten bei eintretender Mobilmachung der Armee, v. 8. Aug. 1850, nebst Zusammenstellung der Bestimmungen, dieselbe betreffend. 1 Sgr.

Vorschrift über die Methode, den Umfang u. die Eintheilung des Unterrichts auf den Königl. Kriegsschulen. Vom 20. Mai 1859. 7½ Sgr.

Nicht-Amtliche Militairische Werke.

Aschenborn, Dr. K. Z. M., Professor am Berliner Cadettenhause ꝛc. Lehrbuch der Arithmetik mit Einschluß der Algebra und der niederen Analysis. Zum Gebrauch bei den Vorträgen an der vereinigten Artillerie- und Ingenieur-Schule und zum Selbstunterricht. 1859. gr. 8. geh. 1½ Thlr.

Avé Lallemant, Dr. Robert C. B., Rathschläge bei dem Besuch von Gelbfieberhäfen zur Zeit des herrschenden Fiebers, für Seeleute nach vieljährigen Beobachtungen und Erfahrungen zusammengestellt. 1860. gr. 8. geh. 7½ Sgr.

Courbiere, R. de l'Homme de, Lieutenant im Leib-Infanterie-Regiment. Geschichte der Brandenburgisch-Preußischen Heeres-Verfassung. 1851. gr. 8. geh. 1 Thlr.

Denkmal König Friedrichs des Grossen. 1851. Pracht-Ausgabe, kl. Oliphant-4. 2½ Bog. Text nebst 31 Abbildungen (auf Chines. Papier) und Rauch's Portrait, elegant gebunden mit Goldschnitt. Einen Friedrichsd'or.

Dasselbe in Französischer Sprache. Einen Friedrichsd'or.

Dasselbe in Englischer Sprache. Einen Friedrichsd'or.

Denkmal König Friedrichs des Großen, enthüllt am 31. Mai 1851. 1 Bog. Oliphant-Oktav. 31 Abbildungen nebst Beschreibung. 7½ Sgr.

Dasselbe als Tableau, sämmtliche 31 Abbildungen auf einer Seite (ohne Beschreibung), 3 Fuß breit, 2 Fuß hoch. 7½ Sgr.

Beschreibung hierzu einzeln, in Taschenformat. 2½ Sgr.

Dasselbe in Französischer Sprache. 7½ Sgr.

Dasselbe in Englischer Sprache. 7½ Sgr.

Dienst-Unterricht, der, des Soldaten im Herzoglich Sachsen-Coburg-Gothaischen Infanterie-Regiment. (Von v. Witzleben.) 1858. 8. mit 3 Kupfertafeln. geh. 16 Sgr.

Elpons, C. von, Rittmeister im Königlich 6ten Husaren-Regiment, Lehrer bei der Königl. Militair-Reitschule. Leitfaden für den theoretischen Reitunterricht, wie dieser bei der Königl. Militair-Reitschule betrieben wird, nebst einem aphoristischen, auf das nähere Verständniß der Reit-Instruktion zielenden Vorwort. 1856. gr. 8. geh. 22½ Sgr.

Werke, welche durch alle Buchhandlungen zu beziehen sind.

Fleck, Eduard, General-Auditeur, Ritter ꝛc., Erläuterungen zu den Kriegs-Artikeln für das Preußische Heer. Nebst den Verordnungen über die Disziplinar-Bestrafung im Heere und in der Kriegs-Marine. 1850. Zweite Aufl. gr. 8. geh. 22½ Sgr.

— — Kommentar über das Strafgesetzbuch für das Preußische Heer. Erster Theil: Militair-Strafgesetze. Nebst der Verordnung über die Disziplinar-Bestrafung im Heere vom 21. Oktober 1841, dem Gesetze vom 15. April 1852 und den Kriegs-Artikeln für das Preußische Heer vom 9. Dezember 1852. Zweite Auflage. 1856. gr. 8. geh. 1 Thlr.

— — Kommentar über das Strafgesetzbuch für das Preußische Heer. Zweiter Theil. Strafgerichts-Ordnung. Nebst vier Beilagen und der Inhalts-Uebersicht des ganzen Werks. Auch unter dem Titel: Das Strafverfahren der Preußischen Militairgerichte. Ein Kommentar über den zweiten Theil des Strafgesetzbuchs für das Preußische Heer. 1854. gr. 8. geh. 1¼ Thlr.

— — Preußens Landwehr in ihren Einrichtungen. Dritte, vollständig neu bearbeitete Ausgabe. 1854. kl. 8. geh. 10 Sgr.

— — Die Verordnungen über die Ehrengerichte im Preußischen Heere und über die Bestrafung der Offiziere wegen Zweikampfs Zweite neu bearbeitete Auflage. 1858. 8. geh. 22½ Sgr.

Förster, von, Hauptmann und Kompagnie-Chef. Meldungen über den Felddienst für die Soldaten der Armee. 1857. geh. 2½ Sgr.

Frédéric le Grand, Oeuvres de. Trente volumes. Table chronologique et Plans. 1849 — 1857. 700 Bogen Imper. 8. Neue Ausgabe in 36 monatlichen Lieferungen à 1½ Thlr.

Friedrich Wilhelm IV. und Elisabeth, König und Königin von Preußen. Ein großes Tableau, 3 Fuß breit und 2 Fuß hoch, mit dem Gedenkspruch: »Ich und mein Haus wollen dem HERRN dienen.« Gezeichnet von L. Burger, in Langholz geschnitten von H. Müller; auf chinesischem Papier gedruckt und auf groß Antiquarium-Papier aufgezogen. 1856. 15 Sgr.

Grab-Denkmal des Fürsten Blücher von Wahlstatt zu Krieblowitz in Schlesien. Eingeweiht am 28. August 1853. 1 Blatt gr. Folio. 5 Sgr.

Griesheim, Gustav von, General. Vorlesungen über die Taktik. Hinterlassenes Werk. Zweite neu redigirte Auflage. 1860. gr. 8. geh. 2 Thlr. 20 Sgr.

Hantelmann, Hauptmann. Zweites Kapitel des Exerzir-Reglements für die Infanterie der Königlich Preußischen Armee vom Jahre 1847 mit den Abänderungen für die Handhabung des Zündnadelgewehrs und den anderweit ergangenen abändernden Bestimmungen. 1857. 8. geh. 2½ Sgr.

Werke, welche durch alle Buchhandlungen zu beziehen sind.

Zimpe, Th., Premier-Lieutenant und Lehrer an der vereinigten Artillerie- und Ingenieur-Schule. Leitfaden für den Unterricht im geometrischen Zeichnen. Mit 12 Tafeln Abbildungen. 1855. gr. 8. geh. 1 Thlr.

Krieg, der siebenjährige. Als Heldengedicht gewidmet dem alten Ruhme und den neuen Ehren des Preußischen Heeres. Aus des Großvaters Erzählungen. Mit 6 Portraits. 1858. Zweite Ausgabe. 8. cart. 22½ Sgr.

Lefrén, Königl. Schwedischer General, Ansichten über Erziehung und Unterricht im Allgemeinen und Bericht über die Kriegs-Akademie zu Karlberg bei Stockholm. Aus dem Schwedischen übersetzt von du Vignau, Major der Königl. Preußischen Artillerie. 1836. gr. 8. geh. 7½ Sgr.

Lippe-Weißenfeld, Ernst, Graf zur, Rittmeister a. D. Geschichte des Königl. Preuß. 6. Husaren-Regiments (ehedem 2. Schlesischen). Zum Besten der Regiments-Specialstiftung des Nationaldanks. 1860. Lexicon-8. Mit 6 Bildern und 2 geographischen Skizzen. Elegant gebunden 4 Thlr.

Meitzendorff, Garnison-Auditeur und Justizrath. Formular-Buch für die untersuchungsführenden Offiziere der Preußischen Armee. 1860. gr. 8. geh. 20 Sgr.

Müller II., H., Lieutenant im 3. Artillerie-Regiment. Die Grundsätze der neueren Befestigung und Widerlegung Mangin's. Antwort auf die Abhandlung über die Polygonal-Befestigung vom Kaiserl. Französ. Genie Hauptmann Mangin. 1856. 8. geh. mit 2 Tafeln Abbildungen. 22½ Sgr.

— — Ueber die Vergangenheit und Zukunft der Artillerie vom Kaiser Napoleon III. Aus dem Französischen. Zwei Theile. 1856. 1857. 8. geh. 2⅓ Thlr.

„Nach Remonte." Ein cavalleristisches Vademecum. Zum Besten der Nationaldanks-Special-Stiftung eines Cavallerie-Regiments zusammengestellt von einem Königl. Preuß. Rittmeister a. D. 1860. 8. geh. 10 Sgr.

Otto, J. C. F., Oberstlieutenant etc. Neue Ballistische Tafeln. 1857. 2 Abth. 4. geh. 2 Thlr.

Inhalt: I. Abth. Anleitung zum Gebrauch der Ballistischen Tafeln. II. Abth. Die Ballistischen Tafeln.

Peucker, von, General. Das deutsche Kriegswesen der Urzeiten in seinen Verbindungen und Wechselwirkungen mit dem gleichzeitigen Staats- und Volksleben. Zwei Theile. 1860. gr. 8. geh. 4 Thlr.

Werke, welche durch alle Buchhandlungen zu beziehen sind.

Portraits. Charlotte, Erbprinzessin von Sachsen-Meiningen, Tochter Seiner Königlichen Hoheit des Prinzen Albrecht von Preussen. Nach dem Bilde von Magnus in Stahl gestochen von Trossin. 1 Thlr. 15 Sgr.

Friedrich Wilhelm Nicolaus Carl. Sohn Seiner Königlichen Hoheit des Prinzen von Preussen. Nach Professor Krüger in Stahl gestochen von Teichel. 1 Thlr. 15 Sgr.

Rahden, Wilh., Baron von. Aus Spaniens Bürgerkrieg. 1833 bis 1840. (Auch unter dem Titel: Wanderungen eines alten Soldaten. Dritter Theil.) Mit 2 Karten. 1851. gr. 8. geh. 2½ Thlr.

—— Miguel Gomez. Ein Lebenslichtbild. Supplement zu Wanderungen eines alten Soldaten. Dritter Theil. 1859. gr. 8. geh. mit einem Facsimile 15 Sgr.

Schirmann, J. W. C. von, Hauptmann. Versuch zu einem System der Artilleriewissenschaft. Erster Band. 1860. gr. Lex. 8., mit 60 in den Text gedruckten Holzschnitten u. 4 Figurentafeln. 2½ Thlr.

Schneidawind, Dr. Franz Joseph Adolph, Königl. Bayerischer Hofrath. Prinz Wilhelm von Preußen in den Kriegen seiner Zeit. Auch ein Lebensbild aus den Befreiungskriegen. Mit dem Bildnisse und Facsimile des Prinzen. 1856. gr. 8. geh. 1 Thlr. 15 Sgr.

Simon, J., Hauptmann vom 6. Artillerie-Regiment. Von der Polygonal- und Caponier-Befestigung. Ein Beitrag zur Wissenschaft des Festungskrieges wie auch der Befestigung vorzugsweise vom artilleristischen Standpunkte aus. 1856. gr. 8. geh. mit 9 Wurftafeln, 4 Flugbahnen und 3 großen lithographirten Plänen. 3 Thlr.

Smidt, H., Liederbuch für Preußens Marine zu Orlog und Kauffarthei. Min.-Ausg. 1853. geh. 10 Sgr.

Soldatenlieder (Wilhelm Bornemann). 1838. 8. geh. 2½ Sgr.

Kompositionen zu Bornemann's Soldatenliedern von A. E. Grell und A. Neithardt. Partitur. 1838. Quer-Imperial-8. geh. 25 Sgr.

Strauß, Friedrich Adolph, Königl. Garde-Divisions-Prediger. Krieger-Treue. Erinnerungen an Feld-Gottesdienste. 1851. kl. 8. geh. 6 Sgr.

Velinpapier. Elegant gebunden mit Goldschnitt. 18 Sgr.

Taubert, Hauptmann und Batteriechef im 8. Artillerie-Regiment. Gefechtslehre der Feld-Artillerie, mit besonderer Anwendung auf den taktischen Gebrauch der Batterien eines Armeecorps. Für Offiziere aller Waffen. 1855. gr. 8. geh. 1 Thlr.

Werke, welche durch alle Buchhandlungen zu beziehen sind.

Vauchelle's Lehrgang der französischen Militair-Verwaltung (Cours d'administration militaire). Deutsch bearbeitet von K. Rühl, Geh. expedirenden Sekretair im Königl. Preuß. Kriegs-Ministerium. 1857. gr. 8. geh. 2½ Thlr.

Versuch, Allgemeiner, über die Befestigungskunst und über den Angriff und die Vertheidigung der Plätze, in welchem diese beiden Wissenschaften wechselseitig durch einander erklärt und allgemein verständlich gemacht werden. Ein für alle Arten von Militairpersonen nützliches Werk. Aus dem Französischen des Herrn Oberstwachtmeisters von B*** (Bousmard) übersetzt von Kosmann. 1800. gr. 8. und Kupfertafeln in Folio. (Früher 8 Thlr.)
Herabgesetzter Preis 1½ Thlr.

Wach, Carl, Apotheker. Die Preußische Militair-Pharmacopöe. Handbuch für Aerzte und Apotheker zum Gebrauch im Frieden und im Kriege. 1854. kl. 8. geh. 15 Sgr.
cart. 18 Sgr.

Waldemar, Prinz von Preußen. Die Reise nach Indien in den Jahren 1844 bis 1846. Aus dem darüber erschienenen Prachtwerke im Auszuge mitgetheilt von J. G. Kutzner, Lehrer in Hirschberg. 1857. gr. 8. geh. Mit dem Portrait des Prinzen vier Karten und vier Schlachtplänen. 3 Thlr. 7½ Sgr.
Eleg. gebunden mit Goldschnitt 4 Thlr.

Wedekind, Dr. E. L., Konrektor zu Krossen. Geschichte des Ritterlichen St. Johanniter-Ordens, besonders dessen Heermeisterthums Sonnenburg oder der Ballei Brandenburg. 1853. 8. geh. 27 Sgr.

Westphalen, Chr. H. Ph. Edler von. Geschichte der Feldzüge des Herzogs Ferdinand von Braunschweig-Lüneburg. Nachgelassenes Manuscript. Herausgegeben von F. O. W. H. von Westphalen, Königl. Preuss. Staatsminister a. D. 1859. 2 Bde. gr.8. geh. 5 Thlr.

Witzleben, A. von, Oberst-Lieutenant und Kommandeur. Prinz Friedrich Josias von Coburg-Saalfeld, Herzog zu Sachsen, K. K. und des Heil. Röm. Reiches Feldmarschall. 1859. 3 Theile, mit Portrait und Facsimile, gr. Lex.8., und Atlas mit 17 Karten u. Plänen, nebst Erläuterungen. 13 Thlr. 10 Sgr.

Wichert, Ernst. Unser General York. Vaterländisches Schauspiel in 5 Akten. Miniatur-Ausgabe. 1858. geh. 24 Sgr
Elegant gebunden 1 Thlr. 4 Sgr